중국의 문화코드

차례

Contents

03 문화코드로 읽는 21세기 현대 중국 07 문화코드로 들여다본 중국의 세계 22 중국문명의 형성 배경과 중화의식의 태동 36 중국문화의 다양한 유형 46 중국인의 이중적 문화코드 62 중국인의 사유방식 78 중국인의 전통적 가치관

문화코드로 읽는 21세기 현대 중국

한국과 중국의 수교 성립 이래, 양국의 관계는 나날이 긴밀해져서 21세기에 들어선 지금은 거의 전 분야에 걸쳐 한중 교류가 이루어지고 있다. 중국은 1990년대 초기 한국과 수교하면서 한국의 눈부신 경제성장을 본받고 모방하고자 노력했다. 그러나 IMF 이후 한국 경제가 추락하는 것을 보면서, 중국은 서구의 '신자유주의'로 대변되는 세계화의 물결과 동양적 시스템의 구축이라는 양대 물결 속에서 주춤거리기도 하였다. 그러나 오늘날의 중국은 한국, 일본, 싱가포르, 대만 등지에서 발생한 '아시아적 가치'의 동반 추락에 전혀 영향을 받지 않고, 또한 서구의 신자유주의의 위협에도 아랑곳하지 않으면서 그들만의 국가적 시스템을 구축하며 도도하게 전진하고 있다.

그들은 서구 선진국과의 격차를 줄이기 위해서, 기존의 아시아권 국가들이 크게 비중을 두지 않았던 여러 가지 방법들을 구사하고 있다. 중국인들은 기존에 '경제 종속과 자본 잠식'으로 우려되던 '외자 유치와 외국인 직접 투자'를 실용주의적인 관점에서 '기회와 운용'의 장으로 훌륭하게 탈바꿈시키고 있다. 서방의 국가들이 환경 보호와 국가 정책을 동일선상에서 다루고 있을 때, 중국인들은 황허[黃河]의 수위가 점차 낮아지는 원인을 규명하면서, 상류와 중류에 난립한 300여 개의 댐을 허무는 것 대신에 운하를 뚫어 창장[長江]의 남아도는 물을 황허, 화이허[淮河], 하이허[海河] 3개 강에 연결하는 이른바 '남수북조(南水北調) 프로젝트'를 선택하였다. 그들은 또 중국 서부 지역의 대개발이 수십 년이 걸리는 대형 프로젝트임을 알면서도, '서부대개발'을 입안한 지 얼마 안 되어 우리나라와 인접하고 있는 동북 삼성인 랴오닝성[遼寧省], 지린성[吉林省], 헤이룽장성[黑龍江省]의 '동북대개발'을 추진하고 있다. 또한 기존의 경제 지표에 따르면 10년 후에나 가능하리라고 생각했던 '자가용 소비문화'에 대한 예측도 보기 좋게 빗나갔다. 그들은 다른 무엇보다도 자가용에 대해 집착을 보이는 반면, 일회성 소비 제품에 대한 구매에서는 여전히 서민적인 경향을 띤다. 그들은 홍콩이 자국에 흡수되는 날로부터 홍콩 대중문화에 대한 경외심을 거두었고, 대도시 문화의 공백을 대체할 모델로 우리나라의 대중문화인 '한류(韓流)'를 선택하였다.

1989년 6.4 천안문 사태가 일어난 이래로 서방의 중국에 대한 예측은 이처럼 어김없이 빗나가고 말았다. 서구적 문화 코드와 사회과학적 분석틀로는 중국의 공공사업과 인민의 행동방식이 제대로 규명되지 않는다는 것이 밝혀지고 있다. 중국인들은 1970년대 이래로 번영을 누렸던 한국이나 일본의 발전양식을 따르지도 않는다. 유럽에서 200년에 걸쳐 이루어진 일들을 미국은 100년 만에 해내었고, 동아시아의 네 마리 용은 50년 만에 해내었으며, 중국은 10년 남짓한 시간 속에서 그 번영을 일구어내고 있다. 냉전이 해소되고 사회주의가 몰락한 가운데 동구권과 러시아가 세계의 중심부에서 멀어지고 있는 현실 속에서 중국만이 유일하게 이른바 '중국 특색의 사회주의'를 표방하면서 승승장구하고 있다.

그러나 여기서 우리가 간과해서는 안 되는 사실은 서구 열강의 침입으로 붕괴되기 시작한 1840년대 이전까지 중국이 줄곧 세계 최고의 문명 수준을 유지하고 있었다는 사실이다. 지금까지 중국에 대한 연구는 주로 경제적이고 정치적인 시각에서 다루어졌을 뿐 중국문화에 대한 연구는 단지 과거 중국의 역사적 사실이나 문물의 특색을 배우는 데 머물렀다. 중국문화에 대한 학습도 대부분 개별적인 문화 영역에 대한 교양적 지식을 습득하는 수준에 만족했던 것이 사실이다. 그러나 21세기를 살고 있는 중국인들은 여전히 그들의 문화적 코드에 따라 사태를 판단하고, 수용하고, 선택하고, 발전시키고 있다. 그들이 나아갈 방향은 그들이 장구한 역사 속에서 배운 문화적인 가치관과 내재적인 사유방식의 영향 속에서 결정된다고 볼 수 있다.

때로는 역사적인 명분보다는 실리를 택하기도 하고, 때로는 환경 보호의 가치관이 개발과 발전이라는 대의명분 속에서 철저하게 무시되기도 한다. 그들은 시짱[西藏]이나 신장[新疆] 지역의 독립운동을 잔혹하게 탄압하면서도 제3세계 인민의 해방을 지원한다고 말하기도 한다. 홍콩에 대한 정책을 펼 때는 광둥[廣東] 지역의 개발 논리를 내세우고 소수민족에 대한 정책을 펼 때는 대동(大同)의 논리를 내세우며, 남·북한 외교에 대해서는 등거리의 논리를 구사하고, 대만과의 외교관계에서는 '일국양제(一國兩制)'의 논리를 들이대고 있다.

이처럼 거대한 국가 정책을 결정하고 집행하는 것에서부터 한 개인이 삶을 영위하고 행동하는 데에 이르기까지, 그 모든 저변에는 그들만의 독특한 문화코드가 흐르고 있다. 문화는 단순한 생활양식도 아니고 과거를 기리는 기념비도 아니다. 그것은 오늘날에도 여전히 그들을 지배하고 있는 내면적 가치관이자 그들이 다른 민족이나 국민과 다를 수밖에 없는 자기 동일성의 실체인 것이다.

문화코드로 들여다본 중국의 세계

문화코드의 부상

문화 연구의 르네상스

문화에 대한 연구가 학문의 대상으로 다루어지기 시작한 것은 그리 오래되지 않았다. 특히 문화와 사회 전반의 관계를 연구하는 이론은 근래 들어 서구 지역에서 여러 논의를 거치면서 다양한 논쟁을 양산하였다. 그 논의 속에서 문화의 가치는 사회 발전을 이끄는 주도 세력으로 인식되기도 하였고, 때로는 한 나라의 진보를 저해하는 장애물로 인식되기도 하였다. 이처럼 '문화와 사회의 상호 영향'을 인정한 이들은 대부분 알렉시스 드 토그빌(Alexis de Tocqueville)의 영향을 받았는

데, 토그빌은 일찍이 미국의 정치체제를 원활하게 기능하도록 만든 것은 민주주의에 어울리는 '문화기반'이라고 역설한 바 있다. 또한 막스 베버(Max Weber)는 자본주의의 발흥이 본질적으로 종교에 바탕을 둔 '문화적 현상'이라고 갈파하였다. 이밖에 에드워드 밴필드는 남부 이탈리아에 횡행하는 가난과 권위주의의 실태가 사실은 문화에서 기인한다고 분석하기도 하였다. 이 같은 문화에 대한 연구 풍토는 1940년대와 1950년대 사회과학 학계에서 주류를 형성하였으나, 이후 학문적 관심이 식었다가 1990년대에 이르러 그 관심이 다시 증폭되기 시작했다.

1999년 4월 미국 케임브리지에서 열린 학술대회에서는 '문화적 가치와 사회 전반의 관계'가 집중적으로 토론되었다. 참가한 학자들 중에서 로널드 잉글하트(Ronald Inglehart)는 "문화적 가치와 정치경제의 발전 사이에는 밀접한 관계가 있다"고 주장했으며, 데이비드 랜드(David Landes)는 "문화가 모든 차이를 만들어낸다"고 주장하였다. 마이클 포터(Michael Porter) 역시 문화가 경제발전과 경쟁력에 영향을 미친다는 사실에 동의했다. 반면 제프리 삭스(Jeffrey Sachs)는 지리와 기후의 중요도에 비해 문화는 그리 중요한 요소가 아니라고 주장하기도 하였다. 이 학술대회에서는 다음과 같은 이슈들, 즉 '가치와 진보의 연계' '가치의 보편성과 서구의 문화 제국주의' '지리와 문화' '문화와 제도의 관계' '문화적 변화' 등이 집중적으로 토론되었다.

이 주제들을 다시 한번 돌이켜 보자. 먼저 문화적 가치와 진보가 별다른 관계가 없다는 데 의문을 제기할 수 있는 것은 '다문화 국가'의 경우이다. 다문화 국가 내의 차이는 문화의 존재와 영향력을 부인할 수 없게 만든다. 둘째, 서구문화의 보편주의가 득세하는 현실 속에서도 '문화적 상대주의(cultural relativism)'와 '문화적 다원주의(cultural pluralism)'는 여전히 설득력을 지닌다. 셋째, 지리적 환경이 사회와 경제발전을 좌우한다는 논리는 문화 주체의 자각에 의한 환경 극복과 창조적 건설이라는 논리와 팽팽히 맞서고 있다. 넷째, 각종 제도의 창출이 문화의 영향을 크게 받지 않는다는 논리는 새로운 제도에 의해서 문화의 속성이 변화할 수 있다는 면과 제도가 결코 기존의 문화 가치에 영향을 줄 수 없다는 면을 함께 지니고 있다. 마지막으로 문화가 계속 변화한다는 관점은 21세기의 세계 재편 구도를 보면 설득력도 있으나, 기존의 가치체계는 여전히 사라지지 않은 채 단지 그 모습을 달리하여 우리 주위를 감싸고 있음을 인정하지 않을 수 없다.

문화는 제도나 환경의 변화에 순응하여 스스로 변화하는 속성을 지니며, 반면에 문화적 가치의 변화가 제도와 사회 질서를 주도적으로 변화시키기도 한다. 20세기 냉전 시대의 산물인 이데올로기 논쟁이 종말을 고하고 21세기에 들어선 오늘날, 세계가 '경제 블록' '환경 문제' '문명의 충돌' 등의 새로운 담론 질서로 재편되는 시점에서 '문화'의 화두를 정면에 내세우는 것은 매우 타당한 것이다. 세계는 시장경제라는 보편적이고 전 지구적인 시스템과 이에 편승한 서구식 민주주의의 강요라는 패턴과 더불어, 민족과 문화의 정체성과 다원성이라는 고전적인 패턴 사이에서 열병을 앓고 있다. 이러한 패턴의 충돌은 긍정적인 면과 부정적인 면을 동시에 양산하면서 'IT'라고 하는 전대미문의 지원군을 만나 세계를 급속도로 변화시키고 있다.

현대 중국과 '문화'의 시각

1949년 10월 1일 중화인민공화국이 수립된 이래 중국은 사회주의 건설을 완수하기 위해 여러 영역에서 무리한 실험을 강행하였다. 마오쩌둥[毛澤東]의 좌경 노선은 사회 전반에 걸쳐 진행되었다. 경제적으로는 1958년에 일어난 대약진운동으로 3천만 명의 사람들이 아사하는 결과를 가져왔으며, 그 이후 1966년부터 10년에 걸쳐 일어났던 문화대혁명으로 중국의 정신과 문화 역시 피폐화되었다. 마오쩌둥의 정치·경제·문화에 걸친 거대한 실험은 전통과의 단절을 통해서 빠른 시일 내에 사회주의 국가 건설을 완성하겠다는 의도에서 자행된 것이었다. 그러나 이른바 '전통과의 단절'을 통해서 이룩하고자 했던 그의 희망은 물거품처럼 사라져버리고, 중국 인민들은 현실적이고 실용주의적인 노선을 표방한 덩샤오핑[鄧小平]의 노선을 따르게 되었다. 덩샤오핑은 1992년에 제시된 남순강화(南巡講話)에서 새로운 사회주의를 가늠하는 잣대는 "사회주의 생산력 발전에 유리한가 그렇지 않은가에 판단 기준을 맞추어야 한다"고 역설하였다. 이것은 좌경주의라는 이데올로기 노선에서 실용주의라는 현실주의 노선으로의 전환을 의미한 것이다. 이 선언이 있은 후 중국은 개혁개방 노선에 더욱 박차를 가했고, 21세기에 들어선 오늘날에는 자본주의 시장경제가 당연시되어 '외자 유치'는 물론이고 '토지 사유'의 허용까지도 논의되는 단계에 이르게 되었다.

실용주의 노선으로의 전환은 중국의 제반 사회 영역에 커다란 영향을 끼쳤다. 특히 문화대혁명 이래로 황폐화되었던 '문화'에 대한 관심이 증가하여 학술, 출판, 영화, 음악 등 각 분야에서 '자기 문화 찾기' 운동이 활발하게 진행되고 있다. 이러한 운동은 시장개방과 경제성장이란 변수와 맞물려 새로운 경제활동 영역이 창출되면서 사회 전반으로 확대, 발전되고 있는 실정이다. 문화 단절의 상처와 아픔을 서서히 극복하고 있는 중국은 이제 몸을 추스르고 과거를 돌아보기 시작했으며, 반사(反思)를 통해 미래를 새롭게 설계하고 있다. 그들은 이제 일찍이 공자가 말했던 "옛것을 익혀 새로운 것을 알아간다"는 정상적인 패턴으로 돌아간 것이다.

21세기에 접어든 우리나라의 경제구도와 한중관계의 위상으로 볼 때, 중국의 지위는 한층 더 무게가 실리고 있다. 현재 우리나라에서는 향후 동아시아 블록의 미래를 주도해 갈 동반자이자 무서운 경쟁 상대인 중국을 알기 위해서 다양한 분야에 걸친 연구가 진행되고 있다. 이 시점에서 정치와 경제라는 분석틀 외에도 문화적 측면에서의 연구가 절실히 요구되고 있다. 정치와 경제라는 하드웨어는 문화코드라 일컬어지는 소프트웨어의 지시를 따르고 있다. 따라서 중국과 중국인의 심층부에 자리잡은 문화코드를 읽어내고 그 흐름을 분석·예측할 수 있어야만 근시안적이고 단기적인 예측에 머물지 않고 보다 장기적인 플랜을 제시할 수 있으며, 나아가 미래의 한중관계를 대등하고 자신감 있게 이끌어 갈 수 있을 것이다.

중국과 중화라는 문화코드

'중국'이란 용어의 어원과 의의

'중국(中國)'이라는 용어가 주권국가의 개념으로 사용된 것은 300여 년 전의 일이다. 1689년 청나라가 러시아와의 분쟁 결과로 맺은 네르친스크 조약[尼布楚條約]에서 당시 청조 외교 사신의 신분을 호칭할 때 '중국'이 만주어로 처음 사용되었다. 외교상에서 한문으로 '中國'이 사용된 용례는 아편전쟁의 패배로 중국 청조가 영국과 맺은 1842년 8월 29일의 남경 조약[南京條約]에서 최초로 보인다.

그렇다면 청조 이전의 역사 속에서 중국인들이 칭했던 '중국'이라는 용어는 과연 어떠한 용례로 쓰였으며, 그것은 당시 중국인들에게 어떤 의미를 지녔는가? 이 분야의 연구는 중국인의 정체성을 이해하기 위해 꼭 알아야 할 내용들이다.

'中國'은 중국의 고전인 『시경』에서 최초로 사용되었다. 시경에서 사용된 '中國'은 '四方(사방, 동서남북)' 그리고 '四

夷(사이, 변방 오랑캐)'와 대칭되어 사용되었는데, 이것으로 비추어 볼 때 주(周) 왕조 시대에 처음 출현한 '中國'이 주 왕조의 수도를 지칭하거나 주나라 왕이 통치했던 지역 일대를 가리키는 용어로 쓰였다는 것을 알 수 있다. 그 후 주 왕실의 권위가 쇠락하고 주 왕실에 의해 분봉받거나 배치되었던 제후국의 세력이 강성해짐에 따라, 각 제후국은 주 왕실의 통제권에서 벗어나 독자적인 세력 확장을 꾀하게 되었다. 여러 제후국, 즉 제하열국(諸夏列國)은 서로의 이권에만 눈이 멀고 약육강식의 논리로 분열을 일삼게 되었고, 결국 변방민족들[夷狄]에게 '中國' 땅을 침략할 수 있는 기회를 허용하게 되었다. 춘추시대(B.C 770~B.C 476)에는 제하열국에 대한 변방민족의 침략이 거의 해마다 자행되었는데, 이에 대한 제하열국의 대응역시 매우 적극적인 형태로 이루어졌다. 춘추 시대 당시의 패자(覇者)였던 제나라 환공(桓公)은 이른바 '존왕양이(尊王攘夷)'를 표방하면서 제후들을 규합하여, 변방민족의 침탈로부터 제하열국의 생존을 보호하였다. 이러한 구도 속에서 '중국'이라는 용어는 점차 춘추열국의 제하세계 전체를 가리키는 의미로 변천되었다.

주나라 왕의 통치 영역에서 제하열국의 거주 영역으로 확대된 '중국'의 의미는, 공자에 이르면 문화적인 우월 지역이라는 의미가 새롭게 첨가된다. 공자는 "오랑캐 나라에 임금이 있는 것이 제하열국에 임금이 없는 것보다 못하다"고 말하면서 '중국'의 문화적 우월성에 확실한 선을 그었다. 공자를 비롯한 많은 중국의 사상가들이 중국 변방민족의 존재 가치를 인정한 적도 있었지만 그것은 어디까지나 당시 한족이 중심이 되었던 중국, 즉 중원(中原) 지역의 문화를 받아들인 자들에게 만 제한적으로 공인된 것에 불과하였다.

이처럼 '중국'이란 용어는 다분히 상대적인 관계 설정 속에서 사용되었다. 주변부와 대칭되는 중심부란 의미로 처음 사용된 '중국'은 정치군사적인 의미의 통치 경계를 설정하는 의미에서 점차 민족 간의 정체성을 경계 짓는 의미로 확대되었다. 한족과 변방민족의 경계를 상징하는 '중국'이라는 용어는 공자를 비롯한 후대 사상가들의 윤색을 거치면서 '문화적 우월성을 지닌 중심부'라는 의미로 심화, 확대되었다. 이로부터 자연스럽게 한족과 기타 변방민족을 구분하는 이른바 '이하지변(夷夏之辨)'이란 관념이 생겨나게 된 것이다. '중국'이란 용어를 살펴보면 중국인들이 왜 언제나 민족과 문화를 함께 논하는지, 또 왜 논해야만 했는지의 역사적 배경을 알 수 있다.

화하의 출현과 중국인의 정체성

고대 중국에서는 '中國'보다는 '華夏(화하)'가 더 확실한 뜻을 지니고 있었다. '중국'이 거주 지역과 활동 경계를 나타내는 뜻이 강하다면, '화하'는 그 지역에 거주하는 구성원의 주체를 지칭하는 용어였다. 화하는 본래 지명을 본떠서 만든 용어였지만, 점차 황허 중·하류 지역에 거주하면서 이른바

'황허문명'을 건설한 이들을 지칭하는 의미로 굳어지게 되었다. 춘추 시대에는 이미 '화하'가 특정 지역에 거주하는 이들을 지칭하는 용어로 쓰였는데, 『춘추좌전』에 "예(裔)는 하(夏)를 도모하지 않고, 호(胡)는 화(華)를 어지럽히지 않는다"는 말이 전해지고 있다. 여기서 '예'와 '호'는 오랑캐를 말하고 '하'와 '화'는 화하족을 말한다. '화하'로 일컬어졌던 이들은 시종일관 변방민족과의 차별화를 통해서 그들의 정체성을 구축하였다. 당시의 구도는 크게 황허 중·하류에서 활동하던 중원 화하족(中原華夏族)과 창장 이남의 남방 묘만족(南方苗蠻族), 동부 지방에 거주하였던 동방 동이족(東方東夷族)으로 나누어 볼 수 있다. 이 중에서 중원 화하족은 (지역적으로는) 문명의 발생지인 황허를 '중원'의 무대로 삼고, (문화적으로는) 문화적 우월성과 최고의 문명 수준을 유지하면서 기타 지역 구성원들과의 차별화를 진행시켰다. 화하족은 훗날 '한족'의 전신으로서 오늘날에도 여전히 중국문화를 이끌고 있는 문화 주체 세력이다.

중화인민공화국이 수립된 이래 중국 정부는 한족과 55개 소수민족의 화해와 협력을 위해 다방면으로 노력을 기울이고 있다. 이러한 화해와 공존의 몸짓에도 불구하고 여전히 한족이 중국문화의 주체가 될 수밖에 없는 이유는 '화하'가 지닌 의미의 양면성 때문인데, 즉 문화 주체와 민족 주체를 동시에 만족시킬 수 있는 구성원이 '한족'일 수밖에 없기 때문이다.

'중화'는 문화적 상징이다

'中華'는 쉽게 말해서 '중국(中國)'과 '화하(華夏)'의 합성어이다. 다시 말해서 '중화'는 '지리적 중심부'라는 의미와 더불어 '민족 정체성'과 '문화적 우월성'이라는 요소가 함께 녹아 있는 단어이다. 중국인들은 스스로를 '중화민족'이라고 부르기를 좋아하는데, 이것은 문화적 자부심과 민족적 동질의식을 가장 적절하게 표현한 것이다. 청조 이후로 중국의 영토는 현재 중화인민공화국 수준의 규모를 유지했다. 만주족이 세운 청조는 300년 가까운 세월의 태평성대를 누리다가 서구 열강의 침입으로 몰락하였으나, 현재 중화인민공화국이 유지하고 있는 민족 구성과 영토 경계의 기본적인 틀을 제공하였다. 1911년 신해혁명 이후 다시 한족에 의한 중화민국 정권이 수립되었고, 마오쩌둥과 인민해방군에 의해 1949년 중화인민공화국이 수립되었다. 쑨원[孫文]은 '한족 민족주의'라는 코드에 호소해 신해혁명을 일으켰으나, 중국 공산당은 그러한 단일민족 코드를 통한 민족 차별 정책을 구사할 수는 없었다. 따라서 그들이 채택한 '중화' 속에는 자연스럽게 한족과 55개의 소수민족이 공동 구성원으로 포함되었다. 현대 중국의 입장에서 사용되는 '중화'라는 용어 속에서, 한족의 자기 동일성이란 요소는 '다민족의 화해와 통일'이란 요소로 바뀌게 되었고, 다민족의 구성원이 주체가 되어 건설한 '중화문화의 우월성'만이 공통분모로 자리매김되었다. 따라서 21세기에 들어선 오늘날 중국인들에게 있어서 가장 중요한 목표는 새로운 문화 건설을 통한 르네상스의 시작이다. 21세기에 떠오른 '중화'는 곧 문화의 상징이자 문화 르네상스이다.

중국인들이 말하는 문화의 의미

'문화'의 어원

문화(문화)는 영어로 'Culture'라고 하는데 이 용어는 라틴어인 'Cultura'에서 유래했다. 라틴어 'Cultura'는 매우 다양한 의미를 내포하고 있는데, 대체로 경작, 거주, 연습 등의 뜻을 지니고 있다. 영어인 'Culture' 역시 재배, 경작의 뜻을 지니고 있으며, 확대하면 인간의 심성을 도야하고 인격을 기른다는 뜻도 포함하고 있다. 영어 'Culture'에서 유래한 '문화'는 다양한 정의들이 있지만, 일반적으로 인류의 물질 생산활동에서 발생하여 확대된 제반 정신활동 영역을 말하므로, 넓은 의미에서 '문명'과 크게 구분되지 않는다. 중국에서도 일찍이 한자로 된 '文化'라는 용어가 있었다. 중국에서 기원한 '文化'는 서양의 'Culture'와 유사한 어원적 의미도 함축하고 있지만 그 기원과 배경이 사뭇 다르다.

중국의 고대 문헌 속에서 등장하는 '文化'는 '文'과 '化'가 서로 결합되기 이전에 이미 독자적인 어원체계를 지니고 있었다. 여러 색이 한데 어우러져 아름다운 문양을 연출한다는 의미의 '文'은 시대를 거치면서 점차 언어문자의 상징 부호로 인식되거나 윤리행위적인 측면에서 수식이나 인위적 수양의 의미를 띠게 되었고, 이로부터 더욱 추상화되어 '미(美)' '선(善)' '덕행(德行)' 등을 지칭하는 용어로 쓰이게 되었다. '化' 또한 독자적인 의미를 가지고 발전되었는데, '化'는 본래 '변화하다' '생성하다' '조화하다' 등의 뜻을 함축한 동사적 의미로 쓰였다. 사물의 형태나 성질의 변화를 의미하던 '化'는 점차 가르침을 통한 교화나 선한 행위를 통한 감화 등의 의미로 발전되었다. 그 후 전국 시대 말기에 편집된 『주역』에서 등장한 "'천문'을 관찰하여 시기의 변화를 살피고 '인문'을 관찰하여 천하를 '교화'시킨다"는 문장을 시작으로 '문'과 '화'는 함께 병렬되어 사용되었다. 서한 시대 이후 '문화'는 합성어가 되어 등장하였다. 이때부터 '문화'는 천지자연과 대조를 이루거나 교화되지 않은 '야만' 또는 '질박(質朴)' 등의 개념과 대조를 이루는 용어로 쓰이기 시작했으니, 다시 말하면 이때부터 '문화'는 자연계와 구분되는 인간사의 영역, 즉 인간에 의해 성취된 제반 분야를 지칭하는 용어가 된 것이다.

다양한 문화 정의

중국 근대 시기의 위대한 사상가 량치차오[梁啓超]는 문화에 대해 매우 광범위한 정의를 내리고 있다. 그는 "문화란 인류의 마음이 열어 밝힐 수 있는 가치를 지닌 공공사업이다"라고 정의 내렸다. 그러면서 그는 문화 범주 속에는 언어·철학·과학·교육 등의 인식 분야, 도덕·법률·신앙 등의 규범 분야, 문학·미술·음악·무도·희극 등의 예술 분야, 생산도구·일용기

구·제조기술 등의 기물 분야, 제도·조직·풍속습관 등의 사회 분야 등이 모두 포함된다고 말했다. 이러한 문화 정의는 정신 세계의 영역만을 지칭하는 '협의 문화'와 구분시켜 '광의 문화'라고 부른다.

베이징대학 철학과의 장따이녠[張岱年] 교수는 광의 문화를 여러 층으로 구분하였는데, 그 중에서 그가 말한 '사층설'은 문화를 크게 물질문화층, 제도문화층, 행위문화층, 심리문화층으로 나눈 것이다. 이러한 광의적 문화관은 영국의 테일러가 단지 물질적 창조 행위에 따른 결과물을 배제한 정신적 창조활동의 결과인 지식·신앙·예술·도덕·법률·풍습만을 문화로 규정한 협의의 문화관과 뚜렷하게 구분된다. 장따이녠 교수는 문화란 "인류가 주체가 되어 사회 실천활동을 통하여 객체인 자연계를 적응·이용·개조하고 점진적으로 자신의 가치관을 실현하는 과정이다"라고 정의하였다. 무가치적이고 물질적이며 자기 순환 체계를 지니고 있는 자연계에 대해 인간이 자신의 가치관을 부여하고, 창조하고, 성취해 가는 '인화(人化)'의 과정이 곧 문화이다.

중국문화의 기본적 특징

우리는 앞에서 고대 중국을 건설한 주체들이 자신의 정체성을 표현하기 위해서 다양한 용어를 구사했다는 것을 알 수 있었다. 지역적으로 자신을 천하의 중심으로 자부하고자 할 때 쓰였던 '중국'이나 '중원', 문화적으로 변방민족과의 차별성을 통해서 자신들의 문화 정체성을 구축하고자 할 때 쓰였던 '중화', 황허 지역에 거주하는 구성원의 결집과 민족적 정체성을 표현하는 용어인 '화하' 그리고 자신이 활동하는 무대가 곧 이 세상의 전부일 수 있다고 선을 그을 때 사용하던 '천하' 등의 문화코드는 중국인들의 문화적 토양의 기저를 이루게 되었다.

자세히 살펴보면 중국문화에는 기본적으로 '민족' '문화' '다원'의 코드가 한데 어우러져 있다는 것을 어렵지 않게 발견할 수 있다. 이 코드들은 역사적인 정황 속에서 완벽하게 융화되기도 하고, 또는 상황의 변화에 따라 서로 모순되거나 충돌하는 양상을 띠기도 하였다. 그로 인해 어떤 시기에는 민족의식이라는 코드가 문화적 연대라는 코드보다 훨씬 우위를 점하였고, 어떤 시기에는 제반 민족에 공통으로 스며든 문화적 동질성이라는 보편성이 민족적 차이에서 오는 특수성을 지배하기도 하였다. 비록 시대의 요구에 따라 코드의 역할에 변화를 가져오기도 하였으나, 이 세 코드의 기본적인 속성에 따른 영향력은 과거나 오늘이나 여전히 유효하다.

중국문화는 인문학적 전통 속에서 태동되었다. 이런 의미에서 중국문화의 전통은 신의 나라와 신의 세계에 대한 동경과 찬양에서 발단되었던 헬레니즘문화, 심원한 상상력으로 신화의 세계를 추구하였던 인도문화와는 근본적인 차이가 있다. 중국인들은 신의 형상을 논하기 전에 가족 공동체의 소중함을 노래했고, 거대한 신화를 구축하기보다는 고통받는 민중을 위해서 『주역』을 지었다. 그들의 상상력은 신들의 세계와 일반 백성의 세계를 이원화시킬 정도로 유연하지 못했고, 언제나 백성들이 처한 세상의 현실을 통해서 하늘의 가르침과 의미를 깨달으려고 노력했다.

중국문화란 험난하고 광활한 중국 영토 속에서 중국인들이 자신들의 소중한 가치를 실현해 가는 제반 사업을 말한다. 그들은 자신의 가치를 실현하는 과정 속에서 다른 국가들이 보여주지 못한 위대한 사업을 구현하기도 하였고, 또한 그들만이 지니는 근본적인 한계와 추함을 드러내기도 하였다. 오늘날 중국은 유인 우주선을 쏘아 올림으로써 그들의 첨단 과학 기술이 세계 최고의 수준임을 입증했다. 그러나 중국의 농촌 지역에는 아직도 하루 끼니를 걱정하는 빈곤층이 대부분이며, 문맹률이 여전히 세계 최고 수준을 유지하는 부끄러운 현실을 벗어나지 못하고 있다. 따라서 이러한 중국인과 중국의 문화 코드를 이해하기 위해서는 균형 잡힌 시각과 함께 분야별로 더욱 심층적인 연구가 필요하다.

중국문명의 형성 배경과 중화의식의 태동

중국문명 발생의 배경

중국 영토의 지리적 조건

중국은 아시아 대륙의 동부, 태평양의 서안에 위치하고 있으며, 위도상으로는 북위 4도 31분에서 북위 53도 52분 사이, 서쪽 동경 74도에서 동쪽 동경 134도에 위치하고 있다. 중국의 최북단은 헤이룽장[黑龍江]이고 최남단은 쩡무안사[曾母暗沙]인데 남북 총 길이는 약 5,500km에 달하고, 동쪽 끝 헤이룽장으로부터 서쪽 신장성 위구르 자치구에 위치한 파미르 고원까지의 동서 폭은 약 5,200km이다. 18개 성(省)으로 이루어진 거대한 중국은 오늘날 북한, 러시아, 몽골, 키르키스, 카

자흐, 타지크, 아프가니스탄, 파키스탄, 인도, 네팔, 부탄, 라오스, 베트남, 시킴, 미얀마 등 15개 국가들과 국경을 접하고 있다. 국경의 총 길이는 22,800km, 총 면적은 한국의 약 44배, 아시아 대륙의 1/4로서 러시아연방과 캐나다에 이어 세계 3위이다.

중국은 서쪽에서 동쪽으로 가면서 점차 낮아지는 지형구조를 가졌다. 면적으로 보면 산지가 전 국토 면적의 69%를 차지하는데, 해발 8,000m 이상 되는 전세계 12개의 고봉 중에서 7개의 고봉이 중국 영토에 있다. 란저우[蘭州]와 쿤밍[昆明]을 잇는 중심선의 서쪽엔 해발 3,500m 이상의 고산이 집중되어 있고, 동쪽으로는 해발 500m에서 2,000m에 달하는 창바이산[長白山], 타이산[泰山], 황산[黃山], 루산[廬山], 위산[玉山] 등이 분포되어 있다.

중국의 기후는 지역마다 많은 차이가 있다. 북부의 기후는 겨울이 길고 여름이 짧으며 매우 건조하다. 삼림보다는 관목이 무성하고 황사현상이 심하여 황량한 느낌까지 준다. 내륙 지방은 매우 건조하여 신장의 타림 분지 같은 지역은 연간 강우량이 10mm도 채 되지 않는다. 반면 남부 연해 지역은 여름이 길고 겨울이 거의 없다시피 할 정도로 온난하며 습도가 매우 높다.

중국은 지리적으로 볼 때 광대한 대륙 국가였지만, 지중해와 같은 바다를 통한 무역과 교류 또는 대평원을 통한 신속한 이동과 교류 등의 조건은 구비되지 않았다. 또한 메소포타미아, 이집트, 그리스는 지리적으로 비교적 가까운 지역에 위치하고 있었기 때문에 상호간에 긴밀히 연결되고 교류가 계속되었던 반면, 중국은 다른 문명 지역과의 접촉과 교류가 거의 없었다. 왜냐하면 북쪽으로 몽골의 초원과 사막, 시베리아와 북극의 황야와 인접해 있고, 서쪽으로는 히말라야 산맥과 파미르 고원과 같은 거대한 산맥에 가로막혀 있으며, 동쪽으로도 산하이관[山海關]과 같은 준령과 삼림이 웅장하게 펼쳐져 있기 때문이다. 서남쪽 역시 산맥과 거대한 밀림 지대가 장벽처럼 가로놓여 있고, 동남쪽으로는 남중국해와 중국해가 끝없이 펼쳐져 있다. 중국민족은 이처럼 외부와의 교류가 거의 차단된 고립된 조건 속에서, 인류의 4대 문명 중의 하나인 '황허문명'을 훌륭하게 일구어내었다.

황허문명 발생의 특징

중국문명이 시작된 지 얼마 안 되었을 때, 외래문명과 교류나 접촉이 있었는지에 대해서는 별다른 고증 자료를 찾을 수 없다. 다만 지형적인 특성으로 보아 고립된 형태로 발전되었다고 추정할 수 있다. 그러나 중국문명의 기원에서는 고립된 형태의 발전이라는 사실보다는 오히려 문명 발생의 광역성(廣域性)이라는 특징이 눈에 띈다. 다시 말해 이집트문명, 메소포타미아문명, 인도문명이 비교적 소규모의 지역권에서 발원한 데 비해, 중국문명은 대규모의 지역권에서 태동하였다는 사실에 주목할 필요가 있다.

인류의 문명은 모두 하수의 관개 시설이 확보된 지역에 거주하면서부터 시작되었는데, 이것은 모두 농사와 관련된, 즉 생존 여부와 관계된 것이었다. 중국의 문명도 하수에 의존해서 생활하던 자들에 의해 처음으로 개척되었다. 일반적으로 중국문명은 황허 유역에서 발생했다고 말해져 왔다. 그러나 황허 자체는 지리적으로 보아 관개 시설과 교통 조건에 가장 적합한 지역이 아니었다. 엄밀히 말하면 중국문명의 발생은 황허 유역이 아니라 황허의 각 지류(支流)에서 이루어졌다. 더 자세히 말하면 황허의 작은 지류들과 황허가 만날 때 형성된 삼각주 지역이 고대 중국문명의 요람이었던 것이다. 중국 초기의 왕조들이 태동하고 활약했던 지역들을 살펴보면 다음과 같다.

표1 중국문명 발생 지역

왕조 구분	문명 발생 지역
당우(唐虞)	산시성[山西省] 서남부 황허대곡[黃河大曲]의 동안(東岸)과 서안(西岸) 편수이[汾水] 양안(兩岸)과 황허유입 지역
하(夏)	허난성[河南省] 서부 황허대곡의 남안(南岸) 이수이[伊水] 뤄수이[洛水] 양안과 황허 유입 지역
상(商)	허난성 남부에서 산둥성[山東省] 서부로 이동
주(周)	산시성[陝西省] 동부 황허대곡의 서안 웨이수이[渭水] 양안과 황허 유입 지역

표에서 볼 수 있듯이 중국의 초기 문명은 하나의 강줄기나 특정 지류 유역에 국한되어 발생하지 않고 매우 광범위한 영토에서 다양하게 발흥하였다. 주대(周代)에 이르면 중국민족의 활동 범위가 이미 창장[長江] 유역, 한수이[漢水], 화이수이[淮水], 지수이[濟水], 랴오허[遼河] 유역 등에 이르게 된다.

이러한 고증 내용은 중국문명의 발생이 다른 문명권과 확연히 다르다는 사실을 증명해 준다. 이집트문명, 메소포타미아문명, 인도문명이 거대한 강을 기점으로 해서 발흥한 것은 사실이지만, 그들이 의존한 강의 수량은 하나 내지는 둘에 불과했다. 하천과 수계(水系)로 세분화해 보아도 두 수계 이상을 넘지 않았다. 이들 문명의 수계는 매우 단조로웠고 지류가 거의 없었다. 그러나 중국의 강은 무수히 많은 하천과 수계가 수많은 나뭇가지처럼 갈라져 있었으며 규모에 따라 등급을 매길 수 있었다.

표2 고대 중국 강(江) 규모의 등급

고대 강 등급	수계 및 지류의 명칭
1등급	황허[黃河], 창장[長江]
2등급	한수이[漢水], 화이수이[淮水], 지수이[濟水], 랴오허[遼河]
3등급	웨이수이[渭水], 징수이[涇水], 뤄수이[洛水], 펀수이[汾水], 장수이[漳水]
4등급	쑤수이[涑水], 잔수이[湛水], 푸수이[濮水], 이수이[伊水], 펑수이[澧水], 하오수이[滴水]

중국 영토의 특징이라고 말할 수 있는 복잡하게 뻗어 있는 거대한 수계는 중국인들로 하여금 그 가운데에서 제각기 소규모로 정착하여 다양한 생활을 영위할 수 있는 공간을 제공하였다. 독립된 생활이 무르익었을 무렵 그들은 소규모 가족 단위에서 벗어나 대규모 가족 단위로 병합하기 시작했다. 이러한 병합 현상은 '가족'의 단위가 지니는 규모의 한계를 뛰어넘게 하였으니, 이 역시 다른 문명권에서 볼 수 없는 중국문명의 특징이다. 그들은 문명 초기부터 이미 타 지역 거주민들의 존재와 삶의 양식을 인정하는 법을 배웠으며, 또한 교류를 통하여 소규모 군락에서 대규모 군락으로 통합하는 법도 알고 있었다. 이러한 통합의 방식은 '농경생활'이라는 환경 속에서 정벌이나 착취의 방법이 아닌 평화로운 방법으로 진행되었다.

기후 면에서도 중국문명은 다른 문명과 큰 차이가 있다. 이집트문명, 메소포타미아문명, 인도문명은 모두 북위 30도 전후의 열대 지역에 위치하여, 자원이 풍부하고 의식주의 공급이 비교적 수월하였고, 따라서 그들의 삶 역시 매우 한가롭고 풍요로운 경향을 띠었다. 그러나 중국문명은 온대 지역인 북위 35도 사이에서 발흥하여 기후 조건이 타 문명국과 비교가 되지 않은 정도로 열악하였다. 수자원의 조건도 과거와 현재가 그리 큰 차이가 없었다고 본다면, 중국인들의 문명 건설이 열대 지방의 사람들과는 달리 매우 힘든 환경 속에서 진행되었다는 점도 황허문명의 발생 과정에서 놓칠 수 없는 특징이다.

민족의 융화

흔히들 중국의 문명은 황허 중·하류에서 이른바 화하족(華
夏族)에 의해 생겨났다고 말한다. 중국의 문명이 오늘날 말하
는 '한족'의 전신인 화하족에 의해 생겨난 것은 분명하다. 그
러나 중국 역사를 통해서 화하족만이 유아독존하거나 또는 기
타 변방민족만이 홀로 생존했던 시기는 한 번도 없었다.

춘추 시대 이래로 중원 지역은 제하(諸夏)로 불리는 연맹체
형태로 운영되었는데, 그들은 사실 동일한 혈연관계로 맺어진
민족 단위라고 볼 수 없다. 그들은 서로 다른 출생 배경을 지
니면서도 또한 공동체로서의 연맹을 다지는 관념도 공유할 줄
알았다. 소수민족 또는 변방민족들은 제하가 활동하던 중원
지역을 경제적 혹은 정치적인 이유로 수시로 침범하였다. 그
들은 서로 다른 생산양식과 경제적인 이유로 인해 충돌했지
만, 결과적으로는 상호 영향을 주어 융화되는 결과를 가져오
게 되었다. 연대별로 크게 구분해 보면 한족과 변방민족의 공
존과 융화의 관계는 다음과 같다.

표3 중국민족의 시대별 융화 과정

시기 구분	중원에 유입되어 융화된 민족
상고~선진	동이(東夷), 남만(南蠻), 서융(西戎), 북적(北狄)
진한~남북조	흉노(匈奴), 선비(鮮卑), 저(氐), 강(羌)
수당~원	거란(契丹), 여진(女眞), 몽고(蒙古)
청~현대	만주(滿洲), 강(羌), 장(藏), 회부(回部), 묘(苗)

유목과 이동을 속성으로 했던 변방민족들과 경제적 궁핍으로 인해 물자를 구하러 올 수밖에 없었던 소수민족들은 수시로 중원 지역을 침범하였다. 제하는 주로 방어적인 입장을 취해서 진시황 때부터 만리장성을 쌓아 그들의 침략에 대비하였다. 제하의 세력이 강성할 때는 변방민족인 만이(蠻夷)의 세력이 자취를 감추었고, 제하의 중원 지역이 혼란하거나 세력이 약화되면 만이는 그 틈을 놓치지 않고 정벌을 일삼았다. 역사적으로 변방민족의 세력이 강성할 때에는 중국 전역이 극도로 혼란하거나 또는 완전히 평정되는 두 가지 양상을 띠었다. 위진 남북조 시대나 북송과 남송 시대는 변방민족의 세력이 제하 한족의 세력보다 강하거나 위협을 주기에 충분했다. 이 시기 한족들은 황허 유역의 영토를 내주고 남하하거나 동진할 수밖에 없었다. 원대와 청대는 변방민족이 중원을 점령하고 통일왕조를 건설한 시기였다. 몽골족과 만주족은 중원을 점령한 후 점차 한족의 문화에 동화되기 시작하여 왕조 말기에는 한족문화권에 융화되었다.

민족과 국가 관념의 성립

고대 중국인들이 살던 시대에는 비록 서로 다른 민족 간의 구별은 있었으나 오늘날과 같이 민족과 민족을 완전히 경계 짓는 관념은 그리 뚜렷하지 않았다. 또한 하늘에 있는 상제(上帝)의 존재를 믿었지만, 그들이 이해한 상제는 모든 중국인들이 보편적으로 섬기는 대상이었지 어느 특정 민족만이 소유할 수 있는 대상은 아니었다. 이러한 이유로 인해 중국 고대 시기에는 이른바 '국가'라고 하는 관념이 그리 두드러지게 발달할 수 없었다. 당시 중국인들에게는 '국가'라는 관념보다는 '천하(天下)'라는 관념이 보편적으로 존재하고 있었다. 주 왕조에 이르러서 무수히 많은 국가들이 존재했으나, 그들은 한결같이 하나의 중심을 향하고 있었고, 그 중심을 통해서 자신의 정체성을 확인하였다. 그 중심이란 곧 주나라 천자(天子)를 가리키는 것이었다. 개별 국가가 결코 최고이자 최후의 귀속이 아니라는 관념은 중국인들 사이에서는 매우 일찍 뿌리내린 관념이었다. 춘추 시대에 접어들면서 비록 제후국 간에 피비린내 나는 전쟁이 있었지만, 그렇다고 해서 그들이 '천하'와 '천자'의 관념을 버리고 개별 국가의 관념을 최상위에 놓은 것은 아니었다.

춘추 시대 말엽에 이르러 민간 학자들이 출현하자 이러한 추세는 더욱 뚜렷해졌다. 공자와 묵가를 위시한 제자백가들의 사상 속에서 개별 국가에 매몰되어버린 협소한 국가관은 찾아보기 힘들다. 당시 천하를 떠돌아다니던 유사(游士)의 무리 중에는 전문적으로 국가와 국가를 넘나드는 국제 정치활동을 한 자들이 있었는데, 이들은 함께 당을 만들어 국제적인 외교 진용을 구축한 다음 각자 서로 다른 정부에 들어가 정권을 잡고서 나중에 상호 연맹을 일삼았다. 그들의 정치적 위상은 결코 개별 국가에 국한되지 않았고, 국제적인 경계를 수시로 넘나들었다. 이러한 유래를 바탕으로 전국 시대에는 '종횡가'라는 학파가 출현하였는데, 이들은 당시 국가들의 정치적 상황에 따라 탄력적인 합종연횡을 일삼으면서 운신의 폭을 조정하였다.

중국인의 중화의식

'화하족'의 기원

'화하(華夏)'는 본래 지명이었다는 학설이 유력하다. '화'는 '화산(華山)'에서 왔는데, 아마도 지금의 허난성[河南省] 내의 쑹산[嵩山]이라고 추정된다. '하'는 '하수(夏水)'에서 왔는데 지금의 한수이[漢水]라고 추정된다. 앞서 밝혔듯이 그들은 주로 중국 북방 평원에 수계를 가까이 두고 흩어져 살았다. 그 속에서 자연히 서로 다른 계파와 족속들이 생겨나게 되었으며, 비록 멀리 떨어져 살았지만 수로의 연결과 접촉으로 인해 왕래가 있었고, 모두 농업이라는 생산양식에 기반을 두어서 쉽게 유대감을 유지할 수 있었다. 그 와중에 씨(氏)와 성(姓)의 분화가 시작되었는데, 남성을 칭하는 '씨'는 본래 부락의 거주지를 지칭하는 용어였고, 여성을 칭하는 '성'은 본래 부락의 혈통을 지칭하는 용어였다. 전설 속의 황제(黃帝)는 희성(姬姓)에 속했고, 신농(神農)은 강성(姜姓)에 속했다. '강'과 '희' 두 부족은 '화하'계의 큰 두 줄기를 형성했으며, 지금의 허난성 난양[南陽]과 네이샹[內鄕] 일대, 후베이성 쑤이셴[隨縣] 일대에 거주했으니, 수계로 말하면 화이수이[淮水]와 한수이[漢水] 유역에 거주한 것으로 추정된다.

부족의 수가 늘어나면서, 그들은 혼인이라는 매개체를 통해서 결속을 다지거나 충돌을 피했으며, 점차 부족 간에 구심점이 될 수 있는 우두머리의 존재를 필요로 했다. 그들은 추대의 형식을 통해서 우두머리를 정했고, 맨 처음으로 '신농' 부족에서, 그 다음은 '황제' 부족에서 맡게 되었다. 이러한 제도가 요순 시대로 내려오면서 추대 형식인 선양제(禪讓制)로 굳어지게 되었다. 선양제가 시행되었던 요, 순, 우 임금 시기는 중국 역사의 황금시기였고, 혈통과 부족의 정체성을 각자 유지하면서도 그 정체성이 상호간의 정치와 제도에 영향을 주지 않는다는 것을 보여주었던 진귀한 시대였다. 그래서 그들은 역사의 모범적인 왕으로 기억되었다. 그러나 우 임금 이후 '선양제'는 아들에게 왕위를 물려주는 '세습제'로 바뀌게 되었다.

혈통보다 강한 문화코드

그 후 제하 세력들은 혈통에 기반을 둔 세습을 통해서 규모를 늘려 나갔다. 이러한 전통은 상(商)을 거쳐 주(周)대에 이르면 '봉건제도'로 발전하게 되었다. 그리고 봉건제도 속에서 과거 부족의 우두머리로 신봉되던 인물은 점차 '천자'로 추앙되었고, 그 밑의 제후국들은 천자의 권위를 인정하면서 나름대로의 질서를 유지하게 되었다. 그러나 춘추전국 시대로 접어들면서 중원 지역은 제하열국 간의 전쟁과 변방민족들의 침입으로 인한 이중고에 시달리게 되었다. 제하열국들은 잔인무도하게 중원을 짓밟고 약탈해 가는 변방민족들과의 투쟁 속에서

서서히 그들을 '야만'이라고 부르면서 차별하고 배타시하는 관념을 가지게 되었다. 제하는 그들을 주로 동이(東夷), 남만(南蠻), 서융(西戎), 북적(北狄)이라고 부르면서 자신들을 '오랑캐'와 구분하였다. 이들 '오랑캐' 호칭은 대부분 짐승의 특징이나 도구 연장의 유래를 지녔고, 결국 사람답게 살지 못하는 군락에 속한 자들이라는 뜻이었다. 제하가 자신을 '오랑캐'와 구분하였던 근본적인 근거는 결코 혈통상의 차이에 있지 않았다. 그들은 그들과 혈연관계에 있었던 나라들, 예를 들면 춘추 시대 오(吳)와 초(楚)를(이들이 비록 제하와 혈연관계가 있었으나) 모두 '남쪽 오랑캐[南蠻]'로 불렀다. 반면 춘추 시대 진(秦)의 경우 거리상으로는 중원에서 멀리 떨어진 산시성[陝西省] 평샹[鳳翔]에 위치했으나 '오랑캐'로 부르지 않았다. 그러나 오히려 전국 시대 들어서 '진'의 물질문명이 진보하고 제도가 정비되었을 때 제하는 그들을 '만이(蠻夷)'라고 불렀다. 제하가 춘추의 '초'와 전국의 '진'을 '오랑캐'로 칭한 것은 결코 혈연상의 구분에 의한 것이 아니라 그들이 '침략국'이었다는 이유 때문이었다.

근대 중국의 역사학자인 치엔무[錢穆]는 춘추전국 시대에 '제하'와 '이적(夷狄)'의 구분은 혈통에 의한 것이 아니라 첫째는 '생활방식'의 차이에 의한 것이었고, 둘째는 '평화연맹'에 의한 것이었다고 말하고 있다. 즉, 제하와 달리 '이적'은 농업사회가 아니고 성시(城市) 국가도 아니었기 때문에 차별화되었고, 또한 화평과 긴장관계를 유지하려는 연맹이 아닌 침

락국의 영토에 속해 있었기 때문에 차별화되었다는 것이다. 이 공통분모는 넓게 말하면 '문화'의 방식에 속한다. 사실상 공자와 그가 편집한 경전이 영향력을 행사하기 이전에 제하에 의해서 형성된 '중화 관념'이란 앞서 말한 '생활방식'과 '정치적 연맹'의 테두리 내에서 형성된 저급한 수준의 관념에 불과했을 것이다. 이러한 중화 관념이 공자를 비롯한 제자백가들의 사상을 통과하면서 중화 관념에 '인문주의'의 혼이 불어넣어졌고, 점차 도덕과 윤리를 말하는 한족과 그러한 교육을 받지 못한 이적의 구분이 보다 더 뚜렷하게 드러나게 되었다.

문화 공동체의 지속성

중국의 중화의식은 춘추 시대 제하열국을 결집시켰던 문화 방식의 배타성에서 출발하여 공자의 사상을 거치면서 인문주의 정신으로 새롭게 태어났고, 수천 년 동안 지속되어 왔다. 중화사상은 수천 년간 중국민족의 삶의 방식이었던 '농경사회'라고 하는 경제적인 기반과 '한자(漢字)'라고 하는 언어·문자적 연속성 위에서 동아시아 최고의 문명 수준을 지속적으로 유지해 왔다. 농경과 공자의 인문 정신에 바탕을 둔 문화적 우월주의는 주변국과의 관계를 단지 힘의 우위에 의한 지배의 논리로 풀어가려 하지 않고 '화(和)'의 논리로써 해결하려는 성향이 강했으며, 바로 그 영향권 안에 고려와 조선도 속해 있었다.

앞서 황허문명의 발생을 살펴보면서 중국민족이 소규모 집단의 정체성과 대규모 집단 속에서의 다원성에 익숙할 수밖에 없는 역사적 배경을 지니고 있음을 알 수 있었다. 또한 그들 속에 내재된 민족과 국가의 관념, 자아와 타자에 대한 구분을 아우를 수 있는 공통분모가 문화코드라는 것도 알게 되었다. 이 코드는 수천 년이 지난 오늘날에도 중국 대륙의 수많은 소수민족과 한족을 묶을 수 있는 가장 실질적인 공통분모이다.

중국문화의 다양한 유형

문화의 유형 분류

농경문화, 유목문화, 상업문화

인류의 역사를 통해서 커다란 영향력을 행사하고 지속적인 생명력을 유지한 문화의 양태를 말하자면 크게 '유목문화' '농경문화' '상업문화'를 들 수 있다. 이 문화들의 발생은 주로 지리적 환경 조건의 차이에 의해서 결정되었으며, 초기에는 다른 문화와의 교류나 접촉 없이 독자적으로 발전하였다.

'유목문화'는 지역적으로 볼 때 중앙아시아 지역과 몽고 고원을 중심으로 초원 지대에서 발달하였다. 북위 50도에 걸쳐 있는 유라시아 지역과 아시아·몽고 지역에 이르는 광대한 지역은 기후가 한랭하고 강우량이 매우 적으며 토지가 척박하였으므로 초원이나 사막 지대가 형성되었다. 이러한 환경 속에서 그들은 생존을 위하여 목축을 하였으며, 계절의 변화에 따라 이동하는 '유목'의 생활방식을 채택하였다. 그들의 경제적 자원은 오로지 가축밖에 없었으므로 기타 물품은 필연적으로 외부에서 조달할 수밖에 없었다. 따라서 그들의 기질은 자연히 거칠고, 호전적이었으며, 자유분방했다. 그들은 상대적으로 비옥하고 온화한 조건에 처해 있는 농경 지대를 수시로 침입하였는데, '유목'사회의 메커니즘으로 보면 농경 지대로의 진입은 주기적인 연례행사에 불과했을지도 모른다.

'상업문화'는 지중해 지역에서 발달하였다. 지중해는 아시아와 아프리카를 유럽에, 그리고 유럽을 아시아와 아프리카에 매개하는 통로였다. 지중해 지역은 여름에는 사하라 사막의 열대성 고기압의 영향을 받아 기온이 높고 건조한 '올리브 기후'를 나타내고, 겨울에는 대서양 저기압의 영향으로 강우량이 많고 온난해서 사람이 살기에 가장 알맞은 환경을 제공하였다. 이곳을 무대로 해상활동이 활발히 전개되고 교역과 무역을 중심으로 하는 상업문화가 발달하게 되었다. 지중해 근처에는 이집트문화와 메소포타미아문화가 융성하였고, 지중해 인접 지역에 수많은 도시 국가들이 탄생하여 문화 교류와 접촉이 더욱 빈번하게 이루어졌다. 상업문화는 성격상 외부 지향적이고 진취적이었으며, 자연에 대해 항상 도전적이었다. 이러한 성향들은 많은 면에서 유목문화와의 유사점을 보여준다.

'농경문화'는 앞서 말한 유목문화나 상업문화와는 여러 면에서 차이가 있었다. 농경문화는 기후가 온난하고 물 공급이 수월하며 평지가 많은 지역에서 발달하였다. 농경 지역에서 필요한 것은 비옥한 토지와 농사에 적합한 사계절의 기후 그리고 관개가 가능한 물의 공급이었다. 사계절의 순환과 대자연의 윤택함 속에서, 농경민족들은 자연에 대한 경외와 인내심을 배우게 되었다. 또한 유목민족이나 상업문화에 익숙한 자들과는 달리, 이들은 정착문화의 삶과 지혜를 얻게 되었다. 고정된 공간 위에서 반복적인 생활을 하는 가운데 이들의 기질은 자연히 보수적이고 온화하며 소극적인 성향을 띠게 되었고, 따라서 자연과 외부에 도전하기보다는 단지 순응하고 변화를 거부하는 내부 지향적인 성격을 지니게 되었다.

중국문명 내의 다양한 문화

앞서 밝힌 세 가지 문화의 유형은 비단 전세계적으로 유명한 지역에서만 존재했던 것은 아니다. 중국 영토의 내부를 자세히 들여다보면 이러한 문화 유형들이 골고루 분포되어 있는 것을 쉽게 발견할 수 있다. 중국의 광활한 영토와 다양한 기후조건은 여러 유형의 문화를 양산하기에 충분한 지리적 환경을 제공하였다.

진한 시기 이후의 중국의 영토 내에서 활동한 여러 민족들은 대체로 다음의 세 가지 문화 유형에 속한다고 말할 수 있다. 첫째는 북방 초원 지대의 '유목문화'이고, 둘째는 남방 산지의 '유경(游耕)문화'이며, 셋째는 중원 지방의 '농경문화'이다. 이 문화들은 중원의 '정착문화'를 중심으로 하여 다양한 형태로 접촉하고 융화되었다. 문화 교류사적으로 말하면 중국 문화는 이 세 종류의 문화가 상호 충돌하고 융화하는 과정 속에서 발전되어 온 것이다.

중국 영토 내의 문화 충돌과 융화

중원 농경문화와 북방 유목문화의 충돌

중국 내륙에서 중원 정착문화와 북방 유목문화는 강우량 400mm선을 경계로 갈라지게 된다. 강우량 400mm선이 지나는 중국의 '동남부'는 태평양과 인도양 계절풍의 영향을 받은 윤택한 지역으로서 농업 발전에 알맞은 조건을 구비하였다. 이 지역은 황허문명이 발달하면서 점차 농업경제 구역으로 탈바꿈하였으며, 여러 왕조를 거치면서 찬란한 문물이 창조되는 지역으로 이름을 날리게 되었다. 강우량이 400mm에 미치지 못하는 서북부는 비록 소량의 내륙 하천과 지하수를 이용한 관개 시설에 의지하는 농업의 형태가 잔존하였지만, 대체로 유목경제의 형태를 유지하였다. 드넓은 하늘과 넓고 푸른 초원 위에서 소와 양을 대상으로 한 목축만이 그들의 유일한 생존 수단이었다.

청대의 유학자 왕부지(王夫之)는 일찍이 '농경'과 '유목'이라는 생활방식의 차이로써 '중국(中國)'과 '이적(夷狄)'을 구분하였다. 그가 말한 '중국'은 방어할 수 있는 성곽이 있고, 경작할 수 있는 논밭이 있으며, 부과된 세금을 낼 수 있고, 혼인과 관직이 보장되는 사회이다. 반면 '이적'은 성곽도 경작지도 없고, 예의(禮儀)도 없으며, 정처 없이 떠돌아다니는 사회로 규정된다. 농경생활을 삶의 터전으로 보았던 중국의 유학자들은 정착지 없이 수시로 이동하며, 말을 타고 호전적으로 남의 영토를 침범하는 자들을 야만인이라고 생각하였던 것이다.

유목민족이 지닌 이동 습성은 정착지를 가지고 생활하는 농경민족에게는 커다란 위협이었다. 유목민족은 초목이 무성한 시기에는 대초원의 생활에 흡족해 하며 농경사회의 풍부한 자원에는 전혀 신경을 쓰지 않았다. 그러나 일단 초원의 대지가 시들고 물이 부족한 시기가 도래하면, 굶주림에 허덕이던 그들은 병마(兵馬)를 동원하여 남하(南下), 부족한 물자를 약탈하여 갔다. 그들은 수시로 변화하는 상황에 긴급하게 대처하기 위하여 항시 잘 짜여진 군사조직을 갖추고 있었고, 엄밀한 조직 속에서 우두머리를 세웠다. 이러한 조직을 바탕으로 그들은 일순간에 중원 지방을 점령할 수 있었다. 그들은 세력이 왕성할 시기에는 활과 말의 세력을 등에 업고 천하를 손에 넣어서 유목과 농경이 혼합된 형태의 왕조를 세웠으니, 5세기에 선비족이 황허 유역을 평정한 것이나, 13세기 몽고족이 원(元)제국을 세운 역사, 17세기 만주족이 청(淸)제국을 건설한 역사들은 모두 유목민족의 중원 진출 역사였던 것이다.

농경문화를 기반으로 했던 '한족'들은 이러한 유목민족의 침입에 대항하기 위하여 온갖 노력을 기울였다. 한족들은 자신들의 힘이 약할 때는 성을 쌓고 방어했으며, 힘이 강성할 때에는 서부와 북부 지방을 향한 정벌을 감행했다. 한무제 때 10만 대군을 이끌고 흉노를 정벌한 역사나 명 성조 때의 북벌 등은 그 실례이다. 그러나 한족은 결국 유목민족의 생활 터전을 침범하기보다는 그들과의 경계선을 공고히 하는 것이 최상의 선택이라고 생각하여 만리장성을 쌓았다. 명나라 때 다시 건축된 장성(長城)의 경계선을 보면 대체로 강우량 400mm를 기준으로 하여 건축되었다는 사실을 확인할 수 있다. '장성'은 유목문명과 농경문명을 가로지르는 상징적 경계선이 되었으며, 한족의 입장에서는 흉악하기 이를 데 없는 유목민족들로부터 자신들의 생존을 지킬 수 있는 유일한 방어선이었다.

양대 문화의 융화

두 문명의 충돌은 비록 엄청난 전쟁의 상처를 남겼지만, 왕래의 과정 중에서 상호 얻는 바도 매우 컸다. 중원의 한족들은 기마민족인 유목인들로부터 말타기와 활쏘기 등의 기술을 배웠고, 유목인들이 이역(異域)으로부터 가져온 새로운 문물들을 전수받았다. 반면에 유목민족들은 농경민족들로부터 선진적인 생활방식, 정치제도, 생활풍습 등을 배웠으며 종국에는 한자문명의 세례를 받고 동화되기도 하였다. 장기적인 융화의 과정 속에서 다수의 유목민족들은 한족문화권 내에 흡수되어 동화되었으며, 결국 자신들의 정체성을 상실하고 역사 속에서 사라져 갔다. 방대한 세력을 자랑했던 '선비' '저' '갈' 등의 족속들은 당대(唐代) 이후 역사 속에서 사라졌으며, 거란족은 원대 이후 역사적 기록이 별로 남아 있질 않다. 이와 반대로 포로가 되거나 유랑하여 북방 유목민족권으로 진입한 한족들 역시 소수민족의 문화에 동화되어 '호화(胡化)'되었다.

중원 농경문화와 남방 유경문화의 만남

중국 남부의 산지 유역에서는 열대와 아열대 지역을 중심으로 이른바 '유종(游種)문화'가 발달했다. 문화인류학 사전에서는 'Shifting Cultivation'이라고 하는데, 중국인들은 '유이경작(游移耕作)문화'라고 부른다. 이들 '유경(游耕)문화'의 특징은 '화전경작'의 농업생활과 이동(移動)생활을 겸한다는 데 있다. 이들은 중원 화하족의 농경문화적 특징과 북방 유목민족의 유목문화적 특징을 모두 가지고 있는 셈이다.

이들 '유경민족'들은 유목민족이 한족과 수시로 충돌하면서 전쟁을 벌였던 것과는 달리, 한족과 별다른 마찰이나 분쟁이 없었다. 왜냐하면 그들은 주로 산지에서 경작했고, 또 (조건이 충족되지 않아) 적지(適地)를 찾아 이동할 때에는 언제나 소규모로 이동했으며, 대체로 분산되어 있었기 때문이다. 중원의 한족들은 역대로 남방 소수민족의 생활 영역을 통치 가능한 관할권 내에 두고자 했으며, 또한 교화의 방식을 써서 농경문화의 선진적인 기술이나 문물을 전수하고자 노력했다. 교화정책 중에서는 민족 동화 정책이 두드러졌는데, 진나라 때부터 이민 정책을 실시했고, 남북조 시대에는 이들 소수민족들을 중원 지방으로 분산시키는 정책을 실시하기도 하였다. 이러한 정책 속에서 한족과 남방 유경민족은 더욱 친밀하게 융화되었으며, 특히 유경민족의 한족화 경향이 두드러졌다.

중원 한족과 남방 유경민족의 융화는 쌍방향적인 결과를 낳았다. 유경민족은 융화 과정 중에서 정체성을 잃고 한족화되는 현상이 뚜렷하였는데, 예를 들면 오늘날의 쟝쑤성[江蘇省], 저장성[浙江省], 안후이성[安徽省], 쟝시성[江西省] 일대에 살았던 산월족(山越族)은 남북조 시대에 완전히 동화되어 한족과 구분 지을 수 없게 되었다. 반면 남방 소수민족과 어울려서 살았던 한족 중에도 '이화(夷化)' 현상을 보이는 경향이 나타났는데, 예를 들면 중국 남부의 대성씨(大姓氏)였던 '추안[爨]'씨의 경우 남북조 시기에 이미 유경문화의 영향을 받아 유경민족화[爨蠻]되었다.

소수민족의 문화 공헌

소수민족이 중원의 한족에게 전수해 준 문화의 영역은 매우 다양하다. 각종 농산물, 의복류, 거주습관, 음악예술 등 사실은 우리가 한족 고유의 문화로 알고 있는 것들 중 많은 부분은 소수민족의 문화권에서 흘러나온 것이다. 이처럼 중국의 소수민족들이 삶 속에서 창출해낸 지혜는 매우 다양했으며 심오했다. 따라서 한족이 전적으로 소수민족에게 선진문화를 전수해 주었다는 인식은 매우 잘못된 것이며 쌍방향의 영향과 상호 전수의 역사적 사실을 인정하는 것이 이들 문명을 이해하는 올바른 시각일 것이다.

표4 소수민족 문화의 한족문화권 유입

문화영역	세부구분	시기	민족명	내용
경제생활	보리	진한(秦漢)	서역 소수민족	보리를 갈아 만드는 가공법
	구운 떡	동한	호인(胡人)	떡[胡餠]을 굽는 기술
	과일, 채소류		서역 소수민족	오이, 향채(香菜), 양파, 시금치, 포도
	수박		회흘(回紇)	지마(芝麻), 석류, 호두 (회흘족에서 거란족을 거쳐 전파)
의복	면화	한~위	신장 고창족, 운남 소수민족	원대 이후 중국 내륙에서 광범위 재배
	방직기술	송(宋)	여족(黎族)	
거주문화	의자	한(漢)	서역 소수민족	
음악	피리		강(羌)	
	관자(管子)		구자(龜玆)	
	북		위구르	
	생황		장(壯), 묘	
	비파, 호금		신장 소수민족	

현대 중국의 문화적 지각 변동

덩샤오핑이 개혁개방 노선을 천명한 이래로 중국의 경제는

초고속 성장을 계속했으며 연평균 성장률을 8%대에서 유지하고 있다. 불과 10년 전만 해도 드넓은 논과 밭에서 채소와 곡물을 경작했던 쟝쑤성과 저장성의 농토에는 거대한 공장이 들어섰고, 밤에도 어두워지지 않는 대도시의 경제권으로 바뀌어가고 있다. 중국의 연안 지대 역시 소규모 어업과 농업의 생활 방식을 버리고 대도시와 산업문화로 탈바꿈하고 있다. 또한 결코 문명의 이기가 들어갈 수 없을 것으로 생각했던 중국의 서부는 '서부대개발'이라는 야심 찬 계획경제의 틀 속에서 과거 '실크로드'의 영광을 재현할 날을 손꼽아 기다리고 있다.

과거 연안 지역을 중심으로 성장했던 중국의 '상업문화'는 이제 연안 지역에서 내륙 지역을 거쳐 과거의 '서역'을 향해서 질주하고 있다. '농경'과 '유목'은 '상업문화'의 주도 하에 새로운 모습의 '농경'과 '유목'으로 재편되고 있으며, 중국 영토의 활동 범위는 과거 당제국의 찬란한 문명과 청제국의 광활한 영토의 위용을 넘보고 있다. '세계의 시장'으로 부상한 중국이 동아시아 '상업문화'의 역사를 다시 쓰고 있는 형국인 것이다.

동아시아의 허브를 꿈꾸는 우리나라는 중국에서 일어나고 있는 이러한 '문화적 변화'와 '문명의 지각 변동'을 거시적인 눈으로 전망할 수 있어야 하며, 나아가 '문화'와 '경제'의 관점에서 중국과 어떻게 협력하고 경쟁해 나아가야 하는지를 논의해야 할 것이다.

중국인의 이중적 문화코드

2002년 6월 한일 월드컵이 열리던 시기에 한국에서는 거대한 대중적 실험이 진행되고 있었다. 외국 언론들은 축구와 애국심에 광분한 붉은 악마들이 영국의 훌리건처럼 폭력적인 집단으로 변질될까봐 매우 우려하였다. 그러나 붉은 악마는 폭력성을 배제한 채 월드컵을 정열과 승리의 함성으로 붉게 물들였다. 그 시각 중국의 '치우미[球迷]'들은 자신들의 우상인 이탈리아 팀이 약체인 한국 팀에게 패하자 거대한 폭력 집단으로 돌변하였다. 동아시아의 대국이라고 자부하던 중국인들은 한국의 4강 진출을 받아들일 만한 넓은 도량이 없었다. 타오르는 질투심과 '족구채표(足球彩票, 중국식 스포츠 복권)'의 예측 실패에서 오는 막심한 손해를 견디지 못한 그들은 마침

내 그 거대한 광기를 드러내고 만 것이다. 월드컵 당시 중국인들은 결코 그들이 말하는 '평화를 사랑하는 민족'이 아니었다. 오히려 옹졸하고 비겁한 작태를 드러낸, '조폭'의 풍모마저 느낄 수 있는 집단에 불과했다. 월드컵으로 불거진 한중 국민 간의 충돌은 민족 갈등이 정치적인 문제가 아닌 스포츠 영역에서도 발생할 수 있다는 사실을 보여준 사건이었다.

그 후 일 년이 지난 지금 우리나라 프로 축구의 열기는 김 빠진 맥주처럼 시들어버렸다. 한민족의 강렬한 리듬과 열정은 월드컵을 통하여 더욱 강렬한 이미지를 남겼으나, 냄비처럼 일순간에 식어버리는 우리의 민족성은 포스트-월드컵을 설계하기엔 호흡이 너무 짧았던 것이다. 반면 월드컵 본선에서 한 골도 넣지 못한 중국의 축구 열기는 여전히 식을 줄 모른다. 이처럼 특정 민족이 지니는 문화는 다양한 얼굴을 지니며, 어느 민족이든 문화의 자기 모순적인 면을 지니고 있다.

이제부터 중국인들에게서 발견할 수 있는 자기 모순적이고 이중적인, 대표적인 문화코드를 탐구해 보자. 그들의 이중적인 면을 고찰함으로써 중국과 중국인을 이해하는 데 있어서 균형 잡힌 시각을 확보할 수 있을 것이다.

춘추필법과 체념의식

중국인의 역사 정신

중국인들은 자국의 오랜 역사 전통을 매우 자랑스럽게 생각했고, 다양한 사관을 통해서 그 흥망성쇠를 평가하였다. 그들이 선택한 여러 사관 중에서 가장 익숙하고 보편적인 사관은 치란(治亂) 사관이라고 말할 수 있다. 성군이 나타나 나라를 잘 다스리는 '치세'의 시대에는 많은 지식인들이 군왕 주위로 몰려들어서, 마치 뭇 별들이 북극성을 에워싸고 있는 형세를 이뤘다. 반면 난신적자(亂臣賊子)가 출몰하여 세상이 혼란해지고, 가뭄과 홍수로 인하여 백성들이 도탄에 빠지는 '난세'의 시대에는 많은 지식인들이 나라를 구하려고 목숨을 던지거나, 절망한 나머지 낙향하여 자취를 감추곤 하였다. 중국인들은 치세가 가면 난세가 오고, 난세를 잘 견디면 치세가 온다는, 일종의 '순환 사관'을 역사적인 교훈으로 새기고 있다. 그들은 어릴 적부터 조상으로부터 전해져 내려오는 전쟁과 영웅들의 고사(故事)를 통해서 무엇이 옳고 그른가를, 현세에 어떻게 처세해야 하는가를 배웠다.

중국에는 선진 시기부터 자국의 역사적 사료를 모아서 분류하고 정리하는 직업을 가진 사관(史官)이 있었다. 그들은 천자나 제후들의 일거수일투족 및 나라의 크고 작은 사건을 기록하였으며, 수집된 문헌들을 정리하여 보존하였다. 현재 시점에서 일어난 일들을 가감 없이 객관적으로 기술하는 것이 그들의 일차적인 임무였다. 중국인들은 마치 사관의 역할처럼 현재를 있는 그대로 기록하고 보존할 뿐, 역사적 평가는 후세의 몫으로 돌리려는 전통이 강하게 남아 있다. 기록하는 자는 자신의 가치관이 글 속에 스며드는 것을 매우 경계하였다. 그러나 기록을 당하는 자의 입장에서는 그러한 기술이 개인적인 관점에 편중되어 이루어진다고 생각했다. 따라서 명예와 체면을 중시하는 정치가들은 후세에 자신이 어떻게 기록되는가에 대해 매우 민감하게 의식하였는데, 이러한 역사의식은 때로는 그들에게 도덕적 압력으로 작용하였다.

공자의 춘추필법

요순의 시대는 태평성대였지만 집과 대지를 삼켜버리는 홍수로 인하여 백성들이 많은 어려움을 겪었다. 이때 우(禹)가 나타나 치수를 이룩하여 하 왕조를 세우게 되었다. 그러나 우임금의 자손인 걸(桀)이 등장하여 천하를 다시 혼란에 빠뜨렸으므로, 탕(湯)이 등장하여 천하를 평정하고 은 왕조를 열었다. 그런데 탕 임금의 자손 중에 주(紂)가 나와서 또다시 천하를 어지럽혔고, 문·무·주공이 이를 평정하고 주 왕조를 세우게 되었다. 그러다 춘추 시대에 접어들면서 천자의 권위가 쇠락하고 제후들이 제각기 영토를 분할하여 서로 패권을 다투는 '군웅할거'의 시대가 도래하였다. 자식이 부모를 죽이고, 신하가 임금을 죽이는 극도의 혼란 상태가 지속되었는데도 이를 바로잡을 영웅은 출현하지 않았다. 이때 공자가 『춘추』를 지어 난신적자에게 '필주(筆誅)'를 가해 세상을 도와 사람들의 마음을 채우는 공을 세웠다.

공자는 "나를 알아줄 것도 오직 『춘추』뿐이고, 나를 벌하는 것도 오직 『춘추』일 뿐이다"라고 말하였다. 공자의 이 말은 일개 신하의 신분으로 천자의 사업을 대신하여 난신적자가 두려움에 떨게 한 공을 세운 것은 사실이나, 참람함을 면치 못할 것이라는 감회를 말한 것이다. 후대 유가는 공자가 『춘추』를 지어 '소왕(素王)', 즉 무관의 제왕으로서의 업적을 이룩하였다고 칭송하였다. 단지 붓 한 자루를 가지고 천자와 마찬가지로 충신효자를 상주고 난신적자를 벌해 도의를 밝게 하고 질서의 엄격함을 드러내었다는 의미이다. 공자의 『논어』와 『춘추』를 읽고 성장해 온 중국인들의 뇌리 속에는 공자가 보여준 춘추필법의 정신이 강하게 남아 있다. 중국인들에게 있어서 역사는 도도히 흘러가는 창쟝[長江]에 띄워진 돛단배와 같은 것이 아니라, 마치 창쟝을 거슬러 오르듯 후세에 붓을 들어 앞서 간 이들의 도덕성을 판단하여 필주를 가하는 적극적인 의미를 지니고 있다.

인민의 체념의식과 지식인의 자괴감

중국은 인구가 많은 나라로 유명하다. 중국인들은 진나라 때부터 이미 5천만 명 이상의 인구를 꾸준히 유지하였다. 그러나 이들은 새로운 왕조가 들어서는 전후 시기마다 인구가 급속히 감소하였다가 다시 점차 증가하는 현상을 경험하였다. 인구의 급격한 감소는 대부분 외부적인 요인에 의하여 발생하였는데, 크게 세 가지로 분류할 수 있다. 첫째는 천재지변에 의한 감소였다. 가뭄으로 인한 기근과 전염병에 의한 사망이 그 주요 원인이었다. 둘째는 누구나 예상할 수 있듯이 전쟁의 결과로 인한 감소였다. 제하열국 간에 벌어진 전쟁과 변방민족의 침입으로 발생한 전쟁은 병역에 징집되어 전쟁터에 끌려 나간 인민들에겐 크나큰 고통이자 재앙이었다. 세 번째는 난(亂)에 의한 감소였다. 역대 왕조는 치리(治理)에 실패하거나 오랫동안 지속된 기근으로 인해 발생하는 농민 반란이나 종교 반란을 제대로 진압하지 못했다. 인민의 입장에서 보면, 난은 반란이 아니라 최소한의 권리를 찾기 위한 최후의 선택이었다. 농민 반란이 전 국토를 휩쓸고 지나간 자리에는 이전의 절반 수준에도 못 미치는 인구만이 생존하는 경우가 적지 않았다.

중국인들 중에는 치세와 난세, 반란과 평정으로 반복되는 역사를 직접 경험하거나 또는 사료를 통해 배우면서, 생명을 보존하여 천수를 누리는 것이야말로 가장 현명한 선택이라고 생각하는 자들이 늘어나게 되었다. 고대 중국의 사상가 중에서 양주(楊朱)와 같은 부류는, 통치자들의 거대한 유희에 불과한 전쟁이나 군대 징집과 같은 일에 휩쓸리지 않고 개인의 생명을 보존하는 것이 가장 중요하다고 주장하였다. 이러한 사상은 개인적인 일 외에는 모두 나와 무관하다는 냉소주의가 짙게 깔려 있다. 자신의 생명 보존과 무관한 것은 모두 허무하다고 여기는 자에게 역사적 의미와 도덕적 가치를 호소하는 것은 부질없는 일이다. 중국인들은 난이나 전쟁에 휩쓸려서 억울하게 목숨을 잃는 것을 매우 경계하였다. 전쟁과 재난에 대한 평가는 수백 년이 흐른 후세 사람들에 의해 평가될 뿐, 자기 자신과는 아무런 직접적인 관련이 없기 때문이다.

이러한 냉소주의는 자연스럽게 체념의식과 통하게 되었다. 시간이 지나면 혼란은 수습되고 언젠가는 치세가 도래하고야 말 것이므로 참고 기다리면 될 뿐, 굳이 내가 영웅처럼 나서서 몸을 위태롭게 할 필요가 없다는 생각이 일반 중국인들의 의식 속에 뿌리 깊게 각인되었다. 이러한 체념의식은 인민을 위한다는 중국 공산당이 탱크를 앞세워 인민에게 총부리를 겨눈 1989년의 6.4 천안문 사태 이후 더욱 심화되었다. 중국 인민들은 이 사건 이후 입을 더욱 굳게 다물었고, 지식인들은 총칼의 위협 속에서 비굴하게 보신(保身)의 길을 택했다.

중국인들에게 있어서 역사주의는 결코 꺼질 수 없는 역사의 교훈으로 남지만, 동시에 그 정신은 현재와 미래를 밝히는 등불이 되지 못한다. 그것은 단지 과거의 영욕만을 기리는 기념비와 같은 존재에 불과하기도 하다. 만약 그들이 역사의 정신적 가치를 과거 역사의 기술로만 돌린다면, 현재 시점에 대한 방임과 방기는 1989년 이래로 지속될지도 모른다. 21세기에 들어선 중국은 앞으로 10년 이상 GDP가 계속 증가하고, 경제성장률이 매년 8%대를 유지할 것이라는 예측이 우세하다. 시대의 정신으로 피어나려 했던 민주화를 향한 염원과 비판 정신은 이러한 개발과 애국이라는 함성에 눌려 힘을 얻지 못하고 있다. 중국의 경제 규모가 날로 커지고 사회 전반의 시스템이 성숙해질수록, 시대적 비판 정신에 대한 욕구와 고급 정신문화의 결핍에서 오는 자기 방황 현상은 갈수록 증폭하여 중국의 새로운 문제로 대두될 수밖에 없을 것이다. 현재의 비판을 통해 미래를 지향하는 역사의식이 주목받지 않고, 현 시점을 방임과 체념의 현장으로 몰아붙이는 습성이 일소되지 않는 한 중국인들에게서 진정한 의미의 시민사회를 기대한다는 것은 어려울지도 모른다.

체면 중시와 집단적 광기

'미엔쯔'의 나라

중국어를 어느 정도 구사할 줄 아는 사람이라면 홍콩 느와르영화를 볼 때마다 매번 등장하는 대사를 기억하고 있을 것이다. 그것은 "내게 '미엔쯔[面子]'를 주고 이번 일을 없던 걸로 하자"는 대사이다. '미엔쯔'는 다름 아닌 '체면'이란 뜻이다. 우리나라에서 사용하는 '체면'과 비슷하지만 그 의미가 보다 무겁고, 자존심·자긍심·명예 등의 뜻이 골고루 포함되어 있다. 중국인들이 이 말을 꺼낼 때는 최후의 청탁인 경우가 대부분이다. 만약 내가 이 말을 꺼내어도 상대방이 내게 '미엔쯔'를 주지 않는다면 그것은 앞으로 상종하지 말자는 뜻이 되므로 매우 신중해질 수밖에 없다.

개인적으로 중국인들을 만나면 항상 그들의 '미엔쯔'를 고려해야 한다. 우리나라나 일본도 체면을 중요시하지만, 특히 중국인들에게 있어서 '미엔쯔'는 그들만의 독특한 문화를 만든 장본인이다. 중국인들은 직장 상사가 부하 직원 앞에서 자신을 공개적으로 꾸짖는 것을 견디지 못한다. 왜냐하면 그것은 '미엔쯔'를 떨어뜨리는 최악의 경우가 되기 때문이다. 만약 중국에 진출한 한국기업이 현지화에 성공하려면 반드시 잘못한 자를 따로 불러 아무도 없는 곳에서 문책해야 할 것이다. 또한 중국에서 사업에 성공하려면 식사 초대에 반드시 응해야 한다. 만약 여러 번에 걸친 식사 초대에 응하지 않는다면 그것은 상대방의 '미엔쯔'를 완전히 깔아뭉개는 것이므로 앞으로 사업을 논할 생각은 접어야 할 것이다. 이러한 관습은 오랜 전통을 지니고 있다. '미엔쯔'는 중국인들이 선진 시대부터 교육받아 온 예(禮)라고 하는 주류 문화의 한 지류이다. 우리가 즐겨 읽는 『삼국지』를 보면 삼국의 왕이나 군사(軍師)들이 적국의 왕이나 군사들에게 예를 갖추어 대화하는 장면이 나온다. 아무리 원수의 적장일지라도 그들은 최후의 순간까지 상대방의 '미엔쯔'를 고려하였던 것이다.

중국사회에서 미엔쯔에 대한 집착은 상대방에 대한 배려보다는 자기 자신의 방어 성향으로 더욱 강하게 표출된다. 이러한 집착은 언제부터인지는 모르지만 그들로부터 '사과'의 미덕을 빼앗아버렸다. 중국인들은 웬만한 일에는 '뚜이부치[對不起]', 즉 죄송하다는 말을 하지 않는다. 이것은 강한 자존심의 표현으로, 내가 먼저 사과한다는 것은 내 '미엔쯔'가 완전히 추락하고 앞으로 고개를 들고 살아갈 수 없다는 식으로 민감하게 받아들이는 데서 기인한다. 그래서 그들은 직접적인 사과의 뜻인 '뚜이부치'는 잘 사용하지 않고 대신 '뿌하오이쓰[不好意思]'라는 말을 즐겨 쓴다. 이 말은 사태가 이 지경이 되어 매우 유감으로 생각한다는 뜻으로서, 자신의 책임은 아니므로 사과할 필요는 없지만 다만 안타깝게 생각한다는 표현이다. 이처럼 중국인들은 '미엔쯔' 때문에 반드시 사과해야 할 일에도 사과하지 않게 되었다. 우리는 중국인을 대할 때 이 점을 간과해서는 안 된다.

중국인들이 '미엔쯔'와 관련하여 구사하는 어휘들은 그 예를 일일이 다 열거할 수 없을 정도로 많다. 예를 들면 '체면을 돌아보다[顧面子]' '체면을 살려주다[給面子]' '체면이 깎이다[丟面子]' '체면을 유지하다[留面子]' '체면을 늘리다[增加面子]' '체면을 빌리다[借面子]' '체면을 중요시하다[講面子]' '체면을 밝히다[愛面子]' 등 헤아릴 수 없을 정도로 다양한 표현들이 있다.

집단적 광기와 일탈

중국인들은 개인과 개인의 관계에서 자존심과 명예를 대단히 중요시한다. 상대방에 대한 존중과 배려는 그들을 도덕적인 관계로 묶어주는 가교 역할을 하였다. 공자는 "자신이 원치 않는 일을 남에게 강요하지 말라"고 주문하였고, 이 가르침은 중국인들의 사교방식에 있어서 합리적인 절제의 공간이라는 중간 지대를 제공하였다. 그러나 앞서 밝혔듯이 중국인들의 삶이 결코 개인과 개인의 관계 속에서만 성립되었던 것은 아니다. 중국인들의 인격과 삶은 전쟁이나 재난과 같은 거대한 사건에 휩쓸리면서 순식간에 일그러지고 변질되기도 하였다. 그들에게 있어서 '미엔쯔'가 중시되고 통용되는 경우는 나의 존재가 인정되고 확인되는 테두리 안에 국한된다. 그들은 일단 나의 존재가 거대한 집단의 논리에 흡수되어 확인되지 않거나 익명성이 보장되는 선을 넘으면, 도덕적이고 절제미를 유지하던 심성이 한순간에 일탈적 충동으로 변질되어버리는 잠재성을 지니고 있다.

예부터 중국인들은 농경사회의 평화스러운 순환체계가 무너지고, 자신의 주변 환경이 열악해져서 개인적인 '미엔쯔'를 의식하지 않아도 되는 외부적 집단행동이나 광신적인 분위기 속에서 매우 비이성적인 상태로 붕괴되었다. 이러한 성향은 역대 왕조들이 인민들을 우민 정책에 노출시키고 애국심에 호소하여 그들을 적절히 통제할 수 있는 토양을 제공해 주기도 하였다.

사실 어느 민족이든 극단적인 상황에 이르게 되면 평소와 전혀 다른 모습으로 돌변하기 마련이다. 근대 한국에서 일어난 만보산 학살 사건이나 일본에서 일어난 관동대지진 학살 사건은 선량한 사람들의 심성이 특정 위기 상황이나 광기적인 일탈 상황에서 얼마나 심하게 굴절될 수 있는가를 적나라하게 보여주었다. 중국인들도 결코 예외는 아니었다. 그들의 광기와 일탈은 수십 년 동안 지속된 경우도 적지 않았다.

1958년 대약진운동의 실패로 궁지에 몰린 마오쩌둥은 잠시 숨을 돌리고 또다시 극단적인 좌경 노선을 선포하기에 이르렀는데, 이것이 1966년부터 10년 동안 중국 전역을 휩쓴 문화대혁명의 시작이다. 1966년에 폭발한 그 광기는 순식간에 중국 전역을 아수라장으로 만들어버렸다. 1966년 10월 14일 이전에 '시정잡배'로 지목받아 도시에서 농촌으로 쫓겨난 사람은 전국적으로 39만여 명을 넘었고, 1966년 8월 말부터 9월 말까지 40여 일 동안 베이징에서만 8만5천 명이 원적(原籍)에서 쫓겨났다. 또, 맞아 죽은 자만 1천7백여 명이었으며, 3천3백여 가구가 재산을 몰수당했다. 중국혁명의 원로간부들은 수감되고 고문당했으며, 무수히 많은 사람이 누명을 쓴 채 눈을 감았다. 10년의 암흑기 동안 교육은 장기간 중단되었고, 국가는 청년 인재 수백만 명을 배출하지 못했다. 그 결과 21세기에 들어선 현재에도 그 후유증은 가시지 않고 있다. 이밖에 수많은 학자와 전문가들이 반동, 반혁명, 수정주의자 등의 낙인이 찍혀 박해를 받았고, 특히 문예계 인사들은 더욱 철저한 탄압을 받아 고통을 이기지 못하고 죽어갔다. 문화대혁명을 조종한 사람은 마오쩌둥과 그의 수하들이었지만 실제로 이러한 광란에 참여한 자들은 10대와 20대로 구성된 홍위병들이었다. 그들 중 많은 이들은 사실 어떤 계기로 문화대혁명이 촉발되었는지도 잘 알지 못했다. 혁명의 광기 속에서, 중국인들이 그토록 외쳤던 상대방에 대한 배려, 도덕적인 관심, 평화를 사랑하는 민족성 등은 핏발 서린 살기에 눌려 아무런 작용도 하지 못했고, 아무도 그것을 말하지 않았다. 문화대혁명으로 약 1,000만 명이 목숨을 잃었다.

우리가 이러한 중국인을 제대로 이해하기 위해서는 그들의 개인적인 문화와 집단적인 문화를 균형 잡힌 시각으로 바라보아야 한다. 2002년 6월 월드컵 기간 동안 우리는 중국인들의 광기가 시기와 질투의 요인으로도 촉발될 수 있다는 것을 보았다. 익히 알아왔던 대륙의 기상과 대인의 풍모는 월드컵 기간 동안 집단적 질투와 광기적인 일탈로 인해 옹졸하기 짝이 없는 소인의 그것으로 변질되었다. 한국이 자의든 타의든 중국인의 자존심을 건드리고 위협하는 상황을 연출하게 된다면, 그들이 우리를 대하는 태도는 매우 이중적일 수밖에 없다는 점을 인지해야 할 것이다.

도원결의와 '꽌시'문화

도원결의의 향기

공맹(孔孟)이 말하는 도덕의 원리는 가족관계를 근거로 발전한 것이다. 그들은 항상 '자기와 친한 자를 친하게 대하고, 현명한 자를 현명하게 대하는 것'이 인륜이라고 생각했으며, 이 도리는 사람이면 누구나 가지고 있는 인정(人情)이라고 생각하였다. 남에 대한 존중과 자신과 가까운 사람에 대한 우선적인 배려는 유가(儒家)의 도덕 기준이 이른바 '친소(親疎)'의 잣대에 의해서 결정된다는 것을 잘 보여주고 있다. 공맹은 자신의 부모와 남의 부모를 동일한 애정으로 섬길 수 있다고 생각하지 않았으며, 자신의 형보다 남의 어른을 먼저 보살피는 것을 인정을 거스르는 행위로 간주하였다. 당시 맹자는 대인 관계의 원리 중 이러한 '친소'와 '차등'의 잣대를 저버린 양주와 묵자에 대해 이렇게 비판하였다.

> 양씨(楊氏)는 자기만을 위하니 이것은 임금이 없는 것이요, 묵씨(墨氏)는 겸애(兼愛)만을 주장하니 이것은 아비가 없는 것이다. 아비도 없고 임금도 없으면 짐승과 다름없다.

중국인들에게 내재되어 있는 보편적 정서에 기반을 둔 유가의 도덕 원리는 중국인들을 강하게 끌어당길 수 있었으며, 공맹의 가르침은 수천 년간 중국인들의 공감을 얻어낼 수 있었다. 그 후 "자신과 친한 자를 먼저 사랑한다"는 친소의 원리는 지역적, 혈연적인 요소와 결합하여 더욱 복잡하고 끈끈한 인간관계의 원리가 되었는데, 이것이 오늘날 중국인들이 말하는 '꽌시[關係]'의 배경이 되었다. 중국인들이 말하는 친소의 원리는 혈연과 지연 요소와 융합되면서 이른바 '의형제'의 수준으로도 발전하게 되었는데, 그 원형이 된 것이 나관중의 『삼국지연의』에 나오는 '도원결의'의 전통이다. '도원결의'의 고사는 중국인들이 말하는 '의형제'의 의리와 사랑이 얼마나 진하고 감동적인 것인가를 매우 사실적으로 묘사하고 있다. "비록 우리가 동년 동월 동일 동시에 태어나지는 못했지만, 죽을 때는 동년 동월 동일 동시에 죽기를 바란다"는 굳은 맹세는 시대를 초월하여 중국인들의 가슴속에 영원히 각인되어 있다.

'꽌시'와 비합리성

'친소'의 원리와 '의형제'의 전통은 중국사회를 움직이는 실제적인 시스템이자 동력이 되었다. 중국인들은 이러한 시스템을 넓은 의미에서 '꽌시'라고 부른다. '꽌시'의 중요성이나 친밀성을 표현하는 말들은 꽤나 자주 입에 오르내린다. 중국인들이 즐겨 사용하는 '쯔지런[自己人]'은 이 사람은 나의 사람이니 무슨 일이 있어도 잘 돌봐야 한다는 뜻이고, '거밀[哥們兒]'은 우리가 의형제를 맺은 사이이니 서로 돕고 잘 지내자는 뜻을 함축하고 있다. 또한 '가오꽌시[搞關係]'라는 말을 쓰곤 하는데, 이 말은 상대방과 아직 가까운 사이가 아니므로 하루 빨리 '꽌시'를 맺어 사업을 도모하자는 뜻이다.

중국인들에게 있어서 '꽌시'는 단순히 개인과 개인의 관계를 규정짓는 것이 아니라 국가의 경영이나 경제 시스템의 기저를 이루는 엄연한 실체이다. 현재 중국의 중앙 정부는 상하이의 인맥을 바탕으로, 전문 인력은 칭화대학[淸華大學] 인맥을 중심으로 포진되어 있다. 중국인들은 정권을 잡은 집단과 새로 등장한 집단의 변화에 따라 지역 및 학연의 후광 부침(浮沈) 현상을 경험하여 왔다. 이처럼 인맥에 의해서 움직이는 시스템은 필연적으로 부패를 양산할 수밖에 없었다. 중화인민공화국 정부는 수천 년간 중국인의 발목을 잡았던 관료주의와 부정부패를 없애려고 노력하였으나 '꽌시'에 의해 움직이는 사회의 기저를 바꾸지는 못했다. 중국과 중국인을 이해하려면 '꽌시'문화가 지니고 있는 아름다움과 추함을 동시에 파악할 수 있어야 한다. 21세기에 들어선 오늘의 중국은 세계 제일대국의 꿈을 향해 앞으로 질주하고 있다. 그러나 그들이 고대로부터 이어져 내려온 '도원결의'의 아름다운 전통을 지켜가면서도, 어떻게 부정부패의 요소를 없애고 서구적인 합리성을 뿌리내릴 수 있는가의 문제는 여전히 숙제로 남는다.

중국인의 사유방식

    모든 문화가 그렇듯이 중국문화에도 우월한 면과 열등한 면이 공존한다. 빛나는 태양이 있으면 짙게 드리워진 그림자가 있기 마련이다. 이러한 특징을 가장 잘 드러내고 있는 것이 중국인의 사유방식이다. 중국인이 이룩한 찬란한 문화를 제대로 이해하기 위해서는 그들만이 지닌 독특한 사유체계와 사유방식을 점검해야 한다. 특히 어느 문명에서도 찾아볼 수 없는 한자문명의 연속성은 그들에게 중화의식이라는 민족적 자부심을 심어주기에 충분하였으나, 동시에 그들은 한자가 지닌 원시성과 비논리성의 부담을 고스란히 떠안으며 살아가고 있다. 이제부터 중국인의 사유가 어떠한 토양에서 생겨났고, 어떠한 방향으로 발전했으며, 어떠한 특징을 지니고 있는지를 밝히고, 나아가 그 의의를 조명해 보고자 한다.

즉물적인 논리성향 : 중국인의 사유체계

중국인의 사유는 추상성과 사변성을 피하고 구체적인 사물과 사례를 통해서 사유를 구성하는 방향으로 발전해 왔다. 중국인의 구체적이고 즉물적(卽物的)이고 구상적(具象的)인 사유의 특징은 일본 학자 나까무라 하지메[中村元] 교수의 역작 『중국인의 사유방법』 속에 잘 설명되어 있다.

구체적인 개념의 구사

중국인은 개념을 표현할 때 추상적인 속성을 나타내는 용어의 사용을 꺼렸다. 그들은 구체적인 수치의 사용을 즐겼는데, 예를 들어 '천리마(千里馬)' '천리안(千里眼)' '만리장성(萬里長城)'과 같이 구체적인 숫자로써 길이의 길고 짧음을 표현하였다. 인도인들은 '하나에 의하여 전체를 안다'는 표현을 쓰지만, 중국인들은 '하나를 들어 셋을 밝힌다[擧一反三]'라고 말한다. 또, '부분만 취하고 나머지는 모두 빠뜨렸다'라고 말하지 않고 '하나만 알고 셋을 흘려버렸다[掛一漏三]'는 표현을 즐겨 쓴다. 이렇게 구체적인 숫자 개념을 사용하여 추상적인 개념을 대체하려는 경향은 곳곳에서 쉽게 발견된다.

현재 중국인들이 사용하는 '모순(矛盾)'이란 단어는 말의 앞뒤가 서로 맞지 않고 어긋나거나 양립하지 않을 때 쓰이는 용어이다. 그러나 이 용어가 구체적 사물인 '창'과 '방패' 이 야기에서 나왔다는 것은 중국인이라면 누구나 잘 알고 있는 사실이다.

이렇게 구체적인 숫자나 사물을 들어 추상적이고 형이상학 적인 개념을 설명하려는 성향은 단순한 개념구사의 수준을 넘 어서서 철학과 종교의 영역에서도 빈번하게 등장한다. 송명리 학의 대표적인 개념인 '이(理)'는 본래 쪼개진 돌조각의 줄무 늬를 뜻하거나 옥(玉)의 모양새를 형용하는 단어였다. 그러다 가 점차 구슬의 줄이 가지런히 놓여 있는 것을 묘사하는 '조 리(條理)'의 뜻으로 발전하였고, 그 후 '조리'에 사람이 마땅히 행해야 할 도리라는 뜻이 첨가되었다. 북송 시대에 오면 '이 (理)'는 정명도(程明道)에 의해 우주와 인간세계를 관통하는 궁극적 원리라는 개념으로 확장되기에 이른다. 이 개념은 다 시 남송의 주자(朱子)에 의해 계승되면서 종합적이고 입체적 인 면모를 띠게 된다. 주자가 말하는 '이(理)'는 정명도가 말하 는 우주적이고 형이상학적인 '천리', 원시적인 '조리'의 의미, 돌의 무늬라는 의미의 '이(理)', 사람이 반드시 지켜야 할 '도 리'라는 의미를 모두 반영하고 있다. 이처럼 중국인들은 구체 적인 개념과 추상적인 개념의 혼용(混用)을 매우 자연스럽게 생각하였으며, 그러한 사유의 방식이 그들에게 하등의 혼란을 주지 않는다는 사실을 알 수 있다.

가장 찬란했던 당(唐)문명을 이끌었던 불교의 한 종파인 선 종(禪宗)의 경우도 예외는 아니었다. 선사들은 '우주'라는 용어보다는 '산하대지(山河大地)'라는 용어를 즐겨 사용했고, '궁극적인 실체'나 '본체'라는 용어보다는 '본래면목(本來面目)'이라는 용어를 즐겨 썼다. 인도인은 '모임'을 뜻하는 용어로 추상명사인 'sangha'나 'gana'를 썼지만, 중국인은 우거진 숲이라는 뜻의 '총림(叢林)'을 즐겨 썼다.

이처럼 즉물적이고 구상적인 개념의 구사 성향은 오늘날의 중국인들에게서도 얼마든지 찾아볼 수 있다. 이들은 컴퓨터를 '전기로 작동되는 뇌'라는 뜻을 가진 합성어인 '띠엔나오[電腦]'라고 쓰고 있고, 사이버를 '그물과 그물 사이'라는 뜻의 '왕지[網際]'로, 바이러스를 '병'과 '독'의 합성어인 '삥두[病毒]'로, 음반 CD를 '빛나는 접시'라는 뜻의 '광판[光盤]'으로 말하고 있다.

언어의 원시성과 모호성

중국인의 즉물적 개념에 대한 선호 경향은 자연히 추상적이고 형이상학적인 언어의 발달을 가로막게 되었고, 결국 중국어의 비논리성으로 귀결되었다. 고대 중국어는 어순을 그리 엄격하게 지키지 않아도 뜻이 통했는데, 왜냐하면 당시 중국어는 격이나 어순이 문장의 뜻을 결정하는 것이 아니라, 그 문장을 구성하는 낱낱의 단어가 표시하는 개념과 개념의 관계가 그 뜻을 결정하였기 때문이다. 중국의 고전에 주석이 많은 이유는 글 가운데 말과 말의 연관관계가 분명치 못한 까닭에 그것을 보충하는 설명이 필요했기 때문이다.

언어구사의 비논리성은 불교의 선종에 이르러 극에 달하게 되었다. 초기의 선종이 다소 논리적인 구사를 행했던 것과는 달리, 4조 도신(道信)과 5조 홍인(弘忍)을 거쳐 6조 혜능(慧能)에 이르면 논리구사가 극단적으로 '불립문자'의 방향으로 흐르게 된다. 논리적인 문답이나 변증법적인 대화술이 부재했던 중국의 전통 속에서, 선종은 언어로 표현되는 개념의 세계 이외의 것을 언어를 통해 구사하려는 시도를 하였다. 따라서 그들의 대화는 일반적인 문답의 형식에 구애받지 않았다. 선종의 대사들은 제자들의 질문에 동문서답하거나 긍정과 부정을 동시에 사용하기도 하였다. 또한 선종의 가르침은 직접적인 명제나 명제에 대한 설명을 피하고, 구체적이고 일상적인 사물의 비유를 들어 간접적으로 뜻을 전달하는 방식을 선호하였다. 그들에게 규정적이고 논리적인 설명은 진정한 깨달음을 방해하는 갇힌 논리에 불과하였으며, 진정한 깨달음은 오직 시적이고 정서적인 경로를 통해서만 얻을 수 있는 것이었다.

『벽암록』에는 "어떤 것을 부처라고 합니까?"라고 묻는 제자에게 동산(洞山) 스님이 "마(麻)가 세 근이니라"라고 대답하는 내용이 나온다. 제자는 동산 스님의 대답을 듣고 득도하였다고 전한다. 긴 세월이 지난 오늘날 이 문답이 무엇을 뜻하는지 정확히 알 수는 없다. 이러한 깨달음은 두 사람 간의 긴밀한 정서적 유대감 속에서만 이해될 수 있는 것이다. 나까무라 하지메 교수는 선종의 문답을 이렇게 평가하였다.

한순간에 주고받은 문답은 그만 막을 내려버리고 대화처럼 뒤를 이어 전개되는 일이 없다. 물음과 대답 사이에 뜻의 연관이 차단되어 있으므로 그 대답들은 대단히 이상한 느낌을 갖게 한다. 그렇지만 이러한 대답을 들은 사람들은 제각기 깨달음을 얻었다고 한다.

선종이 택한 것은 논리가 아니라 '정서'였고, 대화술이 아니라 '직관'이었다. 후대 중국 불교사를 기술한 학자들은 선종이야 말로 중국식 불교, 다시 말해서 중국식 사유의 특징을 가장 잘 반영한 종교라고 평가하였다. 그들은 중국어의 모호성을 오히려 극단까지 밀고 나갔으며, 종국에는 논리의 영역 밖에서 얻어지는 직관의 세계를 펼쳐보이고자 했다. 한편 남송의 주자는 당시 만연했던 선종의 비논리적 특징을 맹렬하게 비판하기도 하였다.

정서와 직관에 의존하는 중국인의 사유방식은 과학적 세계관을 신봉하는 사회주의 정권이 들어선 오늘날의 중국에서도 여전히 맹위를 떨치고 있다. 그들은 1949년 10월 사회주의 정권이 들어선 후로 과학적인 사유와 논리적인 변증법을 강조하였고, 그러한 전통을 꾸준히 발전시키려고 노력했다. 그에 따른 조치로서 크고 작은 안건을 처리할 때마다 '카이후이[開會]', 즉 회의를 열어서 합리적으로 결정하고 집행하고자 했다. 그러나 그들이 말하는 '카이후이'는 지침 전달의 장이라는 수준을 벗어나지 못했고, 연례적인 사교를 통해서 회의의 수

당을 챙기는 행사가 되어 갔다. 전통적으로 논리적인 대화술이 부족하기는 대학의 강단도 마찬가지였다. 21세기에 들어선 지금도 중국에서는 강의와 필기라는 고전적인 강의법이 통용되고 있고, 서양의 대학에서 유행하는 대화 형식의 고급 세미나는 여전히 생소할 뿐이다.

술이부작(述而不作)의 사유방식 : 계승과 창조의 방식

> 공자는 일찍이 말했다. "나는 과거에 존재했던 위대한 유
> 산을 기술할 뿐 새로 창작하지 않는다. 과거의 찬란한 문
> 명을 믿고 좋아할 뿐이다."
>
> (『논어』 「술이」 편)

중국인들이 자신의 '정체성'을 어디에 두고 있는지를 알아보려면 먼저 유가의 시조였던 공자가 자신의 문화적 정체성을 어떻게 정립하여 나갔는지를 살펴보아야 할 것이다. '정체성'에 대한 탐구는 곧 중국인들이 전개한 문화활동들이 어디에 근거하였는가를 밝히는 중요한 문제이며, 또한 중국인의 사유방식과 특성에 관한 주제이기도 하다.

공자의 문화 정체성

공자는 춘추 말엽 노(魯)나라에서 태어났다. 당시 그가 태어난 창평현(昌平縣, 山東省 曲阜)은 천자의 권위가 살아 숨 쉬

던 주 왕조 문명의 흔적이 비교적 온전하게 보존되어 있는 곳이었다. 공자가 일생 동안 흠모했던 '과거의 찬란했던 문명'은 바로 주나라 주공(周公)이 이룩한 예악제도와 인문 정신을 말한다. 주공은 주나라의 시조인 문왕의 아들이자 무왕의 아우로서, 일찍이 무왕을 도와 은나라를 멸하고 주나라를 실질적으로 세운 인물이었다. 무왕이 일찍 죽고 그의 아들인 성왕이 왕위에 오르자 주공은 섭정을 행하면서 주나라 초기 국가조직과 정치제도를 만드는 데 주역을 담당하였다. 그의 문명 건설은 예악문물과 정치제도, 교육사상 등 여러 방면에 걸쳐서 진행되었는데, 이것들이 나중에 중국 인문주의의 원형으로 자리매김되었고 중국문화의 주류를 이루었다. 주공은 섭정을 끝내고 노나라에 봉해졌다. 따라서 노나라는 자연히 주공의 영향을 받아 주 문명의 중심지가 되기에 이르렀다. 그 후 약 500년이 흘러 노나라에서 태어난 공자는 주공의 문화적 손길이 고스란히 남아 있는 노나라의 분위기에 흠뻑 젖어서 유년 시절을 보냈다. 주공의 예악문물은 공자에 의해 보존되고 계승되면서, 맥이 끊어지지 않고 후세에 전수될 수 있었다. 공자는 주공이 중국의 예악제도와 인문 정신을 이미 다 이루었다고 생각했으며, 본인은 그것을 계승하면 될 뿐이라고 생각하였다. 주공에 대한 그의 흠모는 존경을 넘어서 종교화되기까지 하였다. 공자는 노년에 주공이 꿈에 보이지 않는 것을 매우 안타깝게 생각하였는데, 이를 보면 그의 존재 근거가 오로지 주 문명의 회복에 있었음을 알 수 있다.

그러나 엄밀한 의미에서 말하면 주공의 업적은 주로 시스템 적인 수준에만 머물러 있었다. 즉, 질서나 제도와 같은 중국문화의 하드웨어를 구축하는 수준을 크게 넘어서지 않았다. 진정한 소프트웨어는 '군자'와 '소인'의 구분을 통해 도덕적 인간상을 밝히고 '인자(仁者)'의 구체적인 덕목을 말한 공자로부터 비롯되었다. 그러나 공자는 막상 자신이 말한 대부분의 정신과 덕목들이 주공의 인문 정신에서 근원하였다고 생각하였다. 그래서 그는 "인(仁)이 무엇입니까"라고 묻는 제자의 질문에 대해 "자신을 이겨서 예로 돌아가는 것이 인이다"라고 대답하였다. 여기서 말하는 '예'란 곧 주공의 인문 정신과 예악 질서를 뜻한다. 그의 문화 정체성은 철저하게 과거의 문화적 원형에 의존해 있었다. 따라서 그는 "나는 나면서부터 아는 자가 아니며 단지 옛것을 좋아하고 애써 구할 뿐이다"라고 말했던 것이다. 공자의 문화 복원은 구체적으로 주대로부터 전해져 내려온 경전을 손질하는 데 중점을 두었다. 그의 덕택으로 중국인들은 수천 년간 『시경』『주역』『서경』『예기』『악경』『춘추』를 늘 곁에 두고 읽을 수 있었다.

주석의 역사

'고전'으로부터 자신의 정체성을 확인하려는 경향은 중국인들 사이에서 보편적인 전통이 되기에 이르렀다. 특히 문화를 중시한 유가들에게는 일상생활 중에 고전을 읽고 그 가르침을 실천하는 전통이 당연시되었다. 그들은 세월이 흘러 제대로 독해되지 않는 고전을 이해하기 위해서 주석(註釋)을 달기 시작하였다. 시대별로 가해진 주석 작업은 곧 고전은 세월이 지나도 빛이 바래지 않는 영원한 문화의 원형이라는 사실을 반증하는 것이다.

주석의 역사는 한무제가 오경박사(五經博士)제도를 설치하고 경전 연구를 장려한 때부터 시작되었다. 이 주석의 전통은 당대(唐代)에 이르러 『논어』 등이 포함된 '십삼경주소'로 확대되었고, 송대(宋代)에는 주자에 의해 『사서집주』가 만들어지면서 중국의 과거제도에 쓰이는 교과서가 되었으며, 그 영향은 우리나라 조선조에까지 미치게 되었다.

중국인들은 자신이 살고 있는 시대 지평과 과거의 모습이 다를 수밖에 없다는 것을 잘 알고 있었다. 그러나 그들은 기독교 세계관이 지니고 있는 직선론적 역사관이 아닌 농경문화에서 오는 순환론적 시간관에 익숙하였기 때문에, 왕조는 바뀌어도 흘러온 역사의 패턴은 바뀌지 않는다고 생각하였다. 그들은 적어도 1840년 아편전쟁에 의해서 중화의식이 산산조각나기 전까지는, 미래의 역사가 영원히 과거의 정신문명으로부터 조명을 받을 수밖에 없다고 생각하였다.

문화대혁명 이후 사장되었던 공자의 담론은 21세기에 접어들면서 다시 고개를 쳐들고 있다. 미래에 대한 설계가 치밀해지고 무르익을수록, 중국인들은 고전에 대한 상념에 더욱 깊이 빠져들고 있는 것이다.

온고이지신(溫故而知新)의 보수성

과거 중국에도 문화의 권위에 도전하고 새로운 이념을 창조하고자 했던 인물들이 적지 않았다. 그러나 그들의 실험은 어딘지 모르게 위태롭게 비춰졌으며, 마치 모래 위에 지은 누각처럼 견고해 보이지 않았다. 근대 중국의 고증학자인 꾸지에깡[顧詰剛]은 여러 고증을 통해서 고대 중국사의 일부가 허구임을 밝히려고 부단히 애를 썼다. 그의 학설은 많은 학자들의 공감을 얻었고, 드디어 고대사의 신화가 그 허구를 벗는 듯이 보였다. 그러나 얼마 지나지 않아 중국인들은 고증에 의해 사실로 제시된 역사보다 지금까지 익숙하였던 가상의 역사에 훨씬 더 많은 무게를 두었다. 진실은 결코 전통을 이길 수 없었던 것이다.

명대 양명학의 창시자 왕수인(王守仁)은 학문적 신념을 위해서 주자의 학설을 반대할 수밖에 없었다. 그러나 그가 택한 방법은 주자의 권위를 전면 부정하고 자신의 새로운 학설을 그 위에 세우는 것이 아니라, 『주자문집』에 나오는 주자의 학설 중에서 자신과 부합하는 내용을 추려서 『주자만년정론』을 편집하는 것이었다. 이를 통해 주자도 노년에는 왕수인 자신과 생각이 일치하였다는 것을 증명하려고 애썼다.

명말청초(明末淸初)의 왕부지(王夫之)는 기론(氣論)을 집대성하여 거대한 철학체계를 수립하였다. 그 역시 자신의 학설이 이론(理論)을 중심으로 하는 주자학과 매우 상이하다고 생각했지만, 주자학을 공개적으로 비판하거나 폄하하는 일을 삼

갔고 주자에 대한 존경심을 끝까지 유지하였다.

중국인들은 자신의 새로운 시도가 과거로부터 도도히 흘러오는 문화적 연속성으로부터 이탈되는 것을 매우 두려워하였다. 그것은 자신의 문화 정체성을 스스로 저버리는 것과 같은 공포 자체였던 것이다. 중국인의 의식 속에 남아 있는 '고전'과 '전통'은 시간이 흘러 새롭게 축적될 수는 있을지언정 결코 완전히 배제하거나 역사 밖으로 던져버릴 수 있는 것이 아니다.

본토화(本土化)의 사유방식 : 외래문명의 수용방식

문화적 포용성

춘추 시대부터 제하열국은 변방민족과의 문화적 격차를 유지하면서, 자신이 살고 있는 곳이 '천하'의 중심이며 문화적으로 가장 우수하다고 생각하였다. 이러한 문화적 우월감은 기나긴 세월 동안 중원 지역을 지배한 한족들과 변방민족과의 교류를 통해서 점차적으로 형성되었다. 그들은 적어도 1840년 영국의 함대와 대포에 밀려 아편전쟁에 패하면서 굴욕적으로 남경조약을 맺기 전까지는 중화문명의 우월감이란 긴 잠에서 깨어나지 못했다. 자기 문화와 문물에 대한 자신감과 자긍심은 중국인들이 타 민족의 문화를 받아들이는 방식에 커다란 영향을 끼쳤다. 그들은 그들보다 문화 수준이 저급한 민족이 가져온 문물이나 문화에 대해서는 호기심을 가지고 흔쾌히 수용하여 빠른 시일 내에 일상생활 속에 활용하였다. 여유와 자신감은 타 문화에 대한 포용성으로 비춰지기 마련이다. 포용성은 강자의 논리이다. 만약 약자의 집에 강자가 침입한다면 배척하고 방어할 수밖에 없다. 한족의 포용성은 외래문물의 유입이 결코 중화문명의 지반을 뒤흔들 수는 없다는 전제 하에서 용인된 것이었다.

그러나 이러한 중국인의 우월감과 자신감에 위기감을 안겨 주었던 상대가 있었다. 고급 외래문명의 유입은 중국인들에게 이전에는 경험하지 못했던 새로운 세계를 선사하였다. 그들은 자신보다 뛰어나고 강한 자 앞에서 '배척'이 아닌 '수용'을, '방어'가 아닌 '자기화'의 길을 선택하였다. 중국 역사상 고급 외래문명의 유입은 크게 보아 세 차례 정도가 있었다. 첫 번째는 한나라 시기 인도로부터 전파되어 천 년이 넘게 영향을 끼친 불교문명의 유입이고, 두 번째는 명나라 시기에 전파된 예수교의 유입, 세 번째는 중화인민공화국이 수립되는 과정에서 이데올로기를 제공한 마르크스사상의 유입이다. 중국인들은 중화문명에서 느낄 수 없었던 고급문명을 접하면서 결코 서두르거나 흥분하지 않았다. 또한 자신의 정체성이 송두리째 흔들릴까봐 극렬하게 배척하지도 않았고, 너무 심취하여 완전히 그 속에 매몰되지도 않았다. 그들은 오랜 시간의 숙성 기간을 거친 후에 외래문명을 훌륭하게 '자기화'해내었다.

중국인의 문화 번역

불교는 한대 초기에 중국에 처음 소개되었다. 문명이 유입된 시기와 수용된 시기는 조금씩 차이가 있다. 한대 초기에는 불교가 중국에 유입되었을 뿐, 그것이 중국인의 마음을 사로잡지는 못했다. 그 후 위진남북조(魏晉南北朝) 시기에 이르러 중국사회가 극도로 혼란해지자 불교는 민간에 급속도로 전파되기 시작했다. 이 시기에 중국인들은 인도의 불경을 어떻게 한자로 번역하는가의 문제를 해결하지 못해서 매우 고심하던 중에, 중국 고전에 나오는 용어를 빌어다가 번역하는 방법을 채택하였다. 이 시기의 불교를 '격의불교(格義佛敎)'라고 말한다. 격의불교 시기의 불경은 『노자』나 『장자』에 나오는 용어가 그대로 번역어로 사용된 경우가 많았는데, 예를 들면 '유(有)'와 '무(無)' 같은 용어들이다. 그 후 불경 번역은 음역과 의역을 병행하기에 이르렀고, 특히 의역을 많이 하면서 점차 '격의불교'의 수준에서 벗어나서 완숙한 중국식 불경 번역에 가까워지게 되었다. 인도의 불경이 한자로 된 불경으로 번역되는 데에는 무려 천 년의 세월이 걸렸다. 불경이 번역되는 그 긴 세월 속에서 중국인들은 인도의 문화를 진지하게 흡수하였고, 번역하였다. 그들에게 있어서 번역은 단순한 텍스트의 번역이 아니라 '문화 번역'이었던 것이다. 당대(唐代)에 이르러 중국 불교는 최대 흥성기를 맞이하였고 선종의 6조 선사였던 혜능에 이르러 중국식 불교의 정수인 '선종'의 기본적 틀이 완성되기에 이르렀다. 불교의 경전들은 '화엄종' '천태종' '선종'의 가르침이 모두 인도 불교에서 유래된 것이라고 말하지만, 엄밀한 의미에서 이 3대 종파는 중국에서 진정으로 꽃을

피운 중국식 불교라고 말해야 옳을 것이다. 중국인들이 불교 문명을 수용하는 방식을 보면서 우리는 중국인들의 문화 번역 속에 내재되어 있는 기나긴 호흡과 진지한 탐구 정신을 발견할 수 있다. 문화 번역 속에서 보여준 그들의 '만만디[慢慢地]' 정신은 중국인들이 보여줄 수 있는 느림의 미학이다.

본토화의 정신

중국인들이 말하는 '본토화'는 우리가 말하는 '토착화'를 말한다. 중국에 유입된 고급 외래문명은 모두 예외 없이 본토화의 과정을 거쳐서 중국화되었다. 그 중에서는 외래문명이 본래적으로 가지고 있었던 원형을 유지하면서 중국화된 경우도 있었고, 원형이 소실되고 중국식 외형만 남은 경우도 더러 있었다. 중세기에 들어온 기독교가 이른바 '경교(景敎)'가 되면서 기독교가 지니는 신앙적 색채가 퇴색해버린 역사는 후자의 경우라고 말할 수 있겠다. 그러나 중국에 들어온 대부분의 외래문명은 본래적 내용이 존속되는 가운데 중국인의 문화 토양에 맞게 변형되었다. 마오쩌둥은 마르크스─레닌주의의 장점과 중국문화의 혁명 전통을 성공적으로 결합시켰고, 이를 중국 상황에 맞는 공산주의 이념으로 체계화하여 『모순론』과 『실천론』을 펴내었다.

이러한 토착화 정신은 근대의 '중체서용(中體西用)' 운동과도 일맥상통한다. 중국인은 어떠한 경우에라도 자신의 존재 기반과도 같은 자국의 문화를 저버릴 수 없었다. 그들에게 있어서 중국의 문화는 영원한 '체', 즉 자신의 몸이자 존재태이다. 아무리 서구의 문화가 우월해 보이고 배울 점이 많다고 하더라도 중국의 문화가 존재근거[體]를 이루어야 하며, 외래문화는 단지 운용[用]의 대상이자 적용의 도구일 뿐이다. 시대의 요청에 따라 '서체중용(西體中用)'을 외치거나 '전반서화(全盤西化)'를 외치기도 하지만, 이러한 구호들은 결국 소수 사람들만의 구호로 내몰리거나, 채택되었다고 할지라도 오래 지속되지 못하였다.

중국은 덩샤오핑 이래로 '중국식 사회주의'를 내걸고 거대한 실험을 하고 있다. 중국인들에게 있어서 사회주의는 건국이념이지만, 문화 번역의 입장에서 보면 외래문명의 토착화일 뿐이다. 사실 체는 변할 수 없어도 용, 즉 도구와 시스템은 언제든지 바뀔 수 있다. 만약 사회주의가 현 중국의 상황에 맞지 않는다고 최종적으로 판단된다면, 중국인들은 장래에 '중국식 자본주의'로 충분히 선회할 수 있다. 어쩌면 그들에게 가장 중요한 것은 사회주의냐 자본주의냐의 문제가 아니라, 중국식이냐 아니면 외국식이냐의 문제일 것이다.

중국인의 전통적 가치관

중국은 모든 것이 크다. 그래서 주변국들은 중국을 '대륙'이라고 불렀다. 중국인들은 그 드넓은 영토에서 다양한 문화를 경험하면서 장구한 세월을 많은 이들과 더불어 살아왔다. 농경문화와 유목문화, 해안문화와 내륙문화, 서역문화와 중원문화, 북방문화와 남방문화, 한족문화와 변방민족의 문화, 황허문화와 창장문화 등 그 다양함과 복잡함은 이루 다 설명할 수 없다. 이렇게 다양한 중국문화의 토양 위에서 중국인들은 다양한 가치를 지닌 사상들을 일구어내었다. 특히 춘추전국시대에 피어난 제자백가의 사상은 향후 중국인의 가치관을 규정짓는 원형이 되었다.

한대의 학자 유흠(劉歆)의 학설에 의하면, 제가백가의 사상은 주대 말기에 천자의 권위가 추락해, 그 천자를 보필하던 지식인들이 관학(官學)을 버리고 민간으로 흩어지면서 발단되었다. 조정에서 다양한 관직을 수행하던 그들은 민간으로 흡수되면서 신분 하강 현상을 겪게 되었고, 이에 따라 어쩔 수 없이 교육으로 생계를 유지하게 되었다. 이때부터 관학이었던 학문은 점차 사학(私學)으로 변모하게 되었고, 민간에서 저마다 독립된 사상을 뿌리내리면서 일가(一家)를 이루게 되었다. 이것이 이른바 '제자백가'의 기원이다. 제자백가는 중국 역사에서 가장 혼란스러웠던 당시의 위기 상황을 해결하기 위해 먼저 다양한 정치사상을 제시하였다. 어떤 이는 '도덕적 감화'의 방법에 호소하였고, 어떤 이는 '시스템의 개혁'에 주안점을 두었으며, 또 어떤 이는 '탈(脫)세간을 통한 정신적 승화'를 추구하였다. 이밖에 공리주의적인 눈으로 사태를 해결하고자 한 이들도 있었다. 그 후 많은 세월이 흘렀지만 중국인들의 가치관은 이 시기에 형성된 가치관의 범주를 크게 벗어나지 않았다. 시대가 바뀜에 따라 구체적인 정황과 그에 따른 이슈는 바뀌었을지 몰라도, 그 골격이 되는 가치관의 원형은 그대로 유지되었다.

도덕 지상주의

은대(殷代) 삼인(三仁)의 유가적 원형

흔히 유가사상이 공자로부터 비롯되었다고 말한다. 이러한 견해는 매우 타당하다고 말할 수 있는데, 왜냐하면 중국인들은 공자 이전의 인문 정신이 사실상 공자의 등장으로 인하여 빛을 보게 되었다고 생각하기 때문이다. 그러나 유가가 지향하는 가치관의 원형은 공자가 그렇게도 숭배했던 주대 문명이 시작되기 전에 이미 형성되어 있었다. 은대의 삼인이란 은나라 말기에 활약한 세 사람으로 후세 사람들이 그렇게 칭한 것이다.

은대의 폭군이었던 '주(紂)'는 꺼져가는 은 왕조의 마지막 왕이었다. 주의 방탕함과 무능함으로 인해 민심은 이미 이반(離叛)된 상태였다. '주'의 주변에는 '미자(微子)' '비간(比干)' '기자(箕子)'가 있었는데, 그들은 왕과 나라를 위하여 서로 다른 길을 선택하였고, 마침내 '인(仁)'의 정신을 구현하였다.

'미자'는 "부자관계는 세 번 간하여 듣지 않으면 따를 수밖에 없지만, 군신관계는 '의(義)'로 맺어진 관계이므로 세 번 간하여 듣지 않으면 버리고 떠날 수 있다"고 하면서 주(紂)를 버리고 달아나 주(周)의 무왕에게 투항하였다. '비간'은 "임금이 허물이 있을 때 죽기를 두려워해 간하지 않는다면 무고한 백성이 어찌되겠냐"고 주장하면서 간하기를 그치지 않았다. 당시 '주'왕은 "성인의 심장에는 일곱 개의 구멍이 있다고 하는데 정말 그런가 보자"라고 하면서 비간을 죽여 심장을 파내었다. '기자'는 "죽기를 두려워하지 않고 간해서 나라가 다스려진다면 한이 없지만, 만약 목숨만 잃고 나라도 건지지 못한다면 이는 버리고 가는 것만 못하다"고 말하였다. 그러나 그는 또 "간하다가 듣지 않는다고 도망가는 것은 임금의 잘못을 세상에 드러내는 것이 되니, 백성의 환심을 사기 위해 하는 짓은 할 수 없다"고 말하였다. 그는 결국 머리를 풀어헤치고 미친 척하면서 살다가 끝까지 살아남아, '주(周)'의 무왕에게 '홍범구주(洪範九疇)'를 전수하여 오늘날까지 전해져 내려오고 있다.

공자의 인의(仁義) 정신

인간의 인간됨은 '인의(仁義)'를 실천하는 데 있다고 생각한 공자는 '인의'의 도덕 원칙을 최고의 상위 가치로 올려놓았다. 도덕 가치를 최상의 가치로 둔 자는 목숨이 위태로운 상황에 닥치더라도 생명의 보존보다는 도덕적 절개를 생각했으므로, 항상 "삶을 구하려고 인(仁)을 해치기보다는 몸을 던져서 인을 이룬다"는 정신으로 무장하였다. 공자의 삶 속에서 가장 중요한 관심은 도덕적 삶이 나의 몸에서 어떻게 구현되는가의 문제였으므로, 부귀영화나 생명보존은 차후의 문제에 불과하였다. 공자의 '살신성인' 정신은 앞선 은대 삼인 중에서 '비간'의 살신성인 정신과 맥을 같이하고 있다. 사람이 가지고 있는 고귀한 도덕 의지는 어떠한 물리적 폭력이나 재물의 유혹으로도 빼앗을 수 없는 것이므로, 공자는 "삼군(三軍)에게서 그 장수를 빼앗을 수는 있을지 몰라도, 굳게 다져진 필부(匹夫)의 뜻을 빼앗을 수는 없다"라고 말하였다.

공자는 "도(道)에 뜻을 두었다고 말한 자가 남루한 옷과 맛없는 음식을 수치스럽게 여긴다면 그와 더불어 도를 논할 수 없다"고 말했고, 또 "거친 밥을 먹고 물을 마시고 팔베개를 하고 살아도 즐거움이 그 가운데 있으니, 의롭지 않은 부귀는 나에게 한낱 뜬구름과 같다"고 말하였다. 이 말은 훗날 '공안락처(孔顔樂處)', 즉 '공자와 안회의 즐거움'으로 일컬어져 수천 년간 유학자들이 수양을 할 때 반드시 짚고 넘어가는 화두가 되었다. 전통적으로 돈과 재물을 사랑하는 중국인들에게 던져진 '공자의 즐거움'이란 화두는 현실과 거리가 먼 이상적인 설법에 불과할지도 모른다. 그러나 중국 인민들은 역사를 통해서 도덕적 순결을 지키고 인의 도리를 실천한 자들을 성인으로 추앙하고 가슴속 깊이 추앙하였다.

그러다 후대에 와서 많은 학자들이 사회적 변화와 봉건의 타도를 외치며 공자의 사상을 공격했고, 그로 인해 공자의 위력은 많이 삭감되었으며 많은 결함이 발견되었다. 그러나 그들은 공자가 보여준 휴머니즘의 정신과 도덕적인 순박성마저 무너뜨릴 수는 없었다. 사회주의 정권에서 굴절을 거듭했던 공자에 대한 평가는 21세기에 접어들면서 새로운 분위기로 거듭나고 있다. 중국인들은 문화의 재건을 위해서는 다시금 공자에게 눈을 돌릴 수밖에 없다는 것을 서서히 자각하고 있는 것이다.

맹자의 '천작(天爵)' 정신

양혜왕은 맹자가 방문했다는 소식을 듣고 자국에 어떠한 이익이 있는가를 물어왔다. 이에 대해 맹자는 이익이 중요한 것이 아니라 오직 '인(仁)'과 '의(義)'만이 있을 뿐이라고 대답하였다. 맹자 역시 다른 무엇보다도 순결한 도덕 정신을 높이 평가하였다는 점에서 공자의 계승자이다. 그는 공자의 사상에서 한 걸음 더 나아가, 인간의 본성이 선하다고 주장하기에 이르렀다. 인간은 본성이 선하기 때문에 어떠한 곤경이나 유혹에도 흔들리지 않고 오로지 자신 안에 내재한 도덕심을 발현할 수 있는 것이다. 맹자는 이렇듯 인간의 잠재적인 본성과 능력에 대해 긍정적인 가치를 부여하였다. 따라서 인간에게 필요한 공부는 거창한 무엇을 필요로 하는 것이 아니라 단지 달아나버린 자신의 본래적인 마음을 되찾아오는 것이다. 그래서 그는 일찍이 "인(仁)은 사람이 본래적으로 지닌 마음이고, 의(義)는 사람이 걸어가야 할 길이다. 궤도를 벗어나 따르지 않고, 마음을 버리고 구할 줄 모르니 어찌 슬프지 않겠는가? 사람들은 개와 닭을 잃어버리면 찾아올 줄 알거늘, 마음을 놓아버리면 찾을 줄을 모른다. 학문하는 길은 다른 데 있는 것이 아니다. 흐트러진 마음을 구하는 것일 뿐이다"라고 말했다.

맹자는 공자와 마찬가지로 세속적 가치를 넘어서는 고귀한 가치가 있다고 생각했으므로, 도덕적 인간은 반드시 지고한 도덕의 함양으로 세상의 유혹을 의연하게 극복해야 한다고 주장했다. 그는 하늘이 내린 벼슬과 사람이 내린 벼슬을 구분하면서, 인의충신(仁義忠信)의 정신을 가지고 선행을 즐겨 행하는 덕행을 '천작(天爵)'이라고 불렀고, 공경대부(公卿大夫)와 같은 세속의 벼슬을 '인작(人爵)'이라고 불렀다. 맹자는 옛날

성현들은 '천작'을 닦는 데만 몰두하였고 '인작'이 더해지는 데 신경을 쓰지 않았는데, 지금 사람들은 '인작'을 얻기 위해서 '천작'에 힘쓰다가 막상 '인작'을 얻으면 '천작'을 내다 버린다고 말하였다. 이렇듯 유가는 철저하게 내면적인 수양의 완성을 최고의 가치로 삼는다. 만약 내면의 완성을 추구하지 않고 바깥의 공적을 쌓을 수 있다고 말한다면 그는 결코 진정한 유가가 될 수 없다. '자신의 완성[內聖]'이 없는 '사회적 공헌[外王]'이란 존재할 수 없다. 따라서 제나라 환공을 도와 중원 땅을 변방민족의 침입으로부터 막아내었던 관중과 같은 걸출한 재상도 유가의 눈으로 보면 일개 소인에 불과한 것이다.

부패와의 전쟁

중국의 사상을 논하는 학자들은 공자와 맹자의 도덕 정신이 중국의 농경문화 속에서 형성된 인간관계를 바탕으로 생겨났다고 말한다. 중국인들은 해가 지나도 변하지 않는 천지의 순환과 그 정직성을 보면서 인간의 마음에도 천지의 본성이 깃들어 있다고 생각하게 되었다. 그들에게 있어서 천지는 개발의 대상이기에 앞서 인간의 가치를 일깨워 준 도덕의 원천이었던 것이다. 오늘날 중국의 대도시에는 자기 부상 열차가 달리고 있고, IT 산업이 거대한 물결이 되어 중국 전역을 휩쓸고 있다. 그러나 그들은 여전히 농력(農曆)으로 설을 쇠고, 고전을 통해서 과거 성현의 이야기를 배운다. 오늘날에도 여전히 도덕적인 손상에 매우 민감하게 반응하는 중국인들을 보면 그들의 마음속에 공맹의 도덕 정신이 작용하고 있다는 것을 느낄 수 있다.

그러나 일대 전환기를 맞이하고 있는 현재 중국사회는 모든 면에서 어수선하기만 하다. 특히 중국 공산당의 간부들과 공무원의 부패는 수천 년간 중국사회에서 지속된 관료주의의 또 다른 얼굴이다. 심지어 중국인 네 명 중 한 명은 부패의 혐의에 노출되어 있다는 말이 있다. 중국 정부는 각종 법률의 강화와 '옌다[嚴打]' 투쟁 등을 통해서 부패를 일소하려고 모든 힘을 다 쏟고 있다. 엄격한 법 집행을 통한 강제력, 소탕 작전을 통한 정화 운동, 매스컴을 이용한 홍보교육의 방법도 부패를 줄이는 데 일조할 것이다. 그러나 마음 깊은 곳에서 우러나오는 진정한 도덕적 자각이 없는 한, 이러한 해결책은 한시적인 미봉책에 그치고 말 것이다.

공리주의적 가치관

중국적 전통에서 말하는 공리주의란 전국 시대에 양혜왕이 맹자에게 "당신이 먼 곳에서 오셨으니 우리나라에는 장차 무슨 이익이 있겠습니까?"라고 물었던 관심사와 맥을 같이하고 있다. 유가가 인간이 지니는 도덕적 가치에만 몰두한 반면, 중국의 사상가들 중에는 공리주의적인 성향을 띤 자들이 많았다. 후세 사가에 의해 유가나 도가의 가치가 중국철학의 주류를 형성한 것으로 기술되어 공리주의적인 성향을 띤 자들의 주장이 크게 다루어지지는 않았으나 일상생활이나 현실정치에서 중국인들의 마음을 사로잡은 것은 오히려 공리주의적이고 실용주의적인 가치관일 것이다. 신화적 사유와 논리적 사유가 크게 발달되지 않았던 중국의 인문주의 전통 속에서 유가의 도덕주의를 팽팽하게 견지하였던 사상 중의 하나는 바로 공리주의 전통이다.

묵자의 공리주의적 가치관

묵자(墨子)에 의해 창시된 묵가(墨家)도 유가와 같이 이웃을 사랑하고 배려하며 정의를 중시하는 전통을 지녔다. 그러나 유가가 친소의 원리에 바탕을 둔 차등적 사랑을 말한 반면에, 묵가는 이웃을 동등하게 사랑할 수 있다는 가르침인 '겸애(兼愛)'를 주장하였고, 정의를 주장하는 동시에 공리를 말하였다. 정의와 공리를 함께 논하는 사상 경향은 도덕지상주의를 외치는 유가에게선 찾아볼 수 없는 것들이다.

묵자의 사상 중에는 서양의 공리주의와 유사한 논의들이 발견된다. 그는 먼저 말[言]에는 세 가지 기준이 있는데, 첫째는 근본을 따지는 것이고, 둘째는 근원을 따지는 것이며, 셋째는 효용을 따지는 것이라고 하였다. 효용을 따진다는 것은 구체적으로 말하면 형법과 행정을 시행하여 그것이 국가와 백성의 이익에 부합하는가를 관찰하는 것이다. 따라서 그는 "모든 말과 행동이 하늘과 귀신과 백성에게 이로우면 행하고, 모든 말과 행동이 하늘과 귀신과 백성에 해가 되면 버려야 한다"고 말한 것이다. 이와 같이 묵자의 가치관은 준엄한 도덕 원칙만을 말하기보다는 그것이 백성에게 이로움을 주는가의 여부에 경도되어 있었다. 그에 따르면 하늘과 귀신은 지도자가 반드시 받들어야 하는 천고불변의 원리가 아니다. 하늘과 귀신에 대한 숭배는 백성의 이익에 따른 결과에 의해서 결정된다. 즉, 땅과 백성의 효용 가치에 의해서 하늘과 귀신의 운명이 결정되는 것이다. 그러므로 만약 묵자의 논리로 성인과 군자를 논한다면, 그들은 단지 자신의 내면적인 도덕 수양만을 일삼거나 하루 세 번 자기반성에 만족하는 자가 아니라, 마땅히 천하의 이로움을 위해서 힘쓰고 천하의 해로움을 제거하려고 노력하는 자이다.

실용주의 노선

사리에 밝고 현실적인 중국인들의 가치 성향은 묵자의 가치 성향과 매우 잘 부합된다. 역사를 통해서 볼 때, 중국의 지식인들은 명분을 매우 중요시하고 도덕성을 강조해 왔지만 그러한 원칙이 만약 백성을 위하지 못하고 이로움을 주지 못하면 과감히 저버리곤 하였다. 중국 현대사는 한마디로 말해 명분주의와 실용주의가 투쟁한 역사였고, 좌경 노선과 실용 노선이 대립한 역사였다. 중국 인민을 서구 열강의 식민 지배로부터 해방시킨 마오쩌둥의 시대적 명분과 그가 취했던 좌경 노선은 중화인민공화국 건국 이후 여러 차례 시행된 정치적 실험을 통해 실패로 끝나게 되었고, 중국 인민의 이익에 부합되지 않는 노선으로 낙인찍히게 되었다. 중국인들은 그 후 얼마 안 되어서 그를 버리고 리우샤오치[劉少奇]와 덩샤오핑이 이끄는 실용주의 노선을 지지하게 되었다. 덩샤오핑의 지위가 공고화된 이후 극좌 노선에 기초한 명분주의는 더 이상 중국 사회의 중심부를 차지할 수 없게 되었다. 실용주의 노선은 이미 현대 중국사회의 대세가 되었다.

현대 중국인들은 실용주의의 깃발을 높이 쳐들고 불도저처럼 거침없이 앞을 향해 질주하고 있다. 중국사회는 이미 배부르고 따뜻하면 만족하던 '원바오[溫飽]'사회를 지나 중산층 이상의 삶을 영위하는 '샤오캉[小康]'사회로 진입하였다. 실용주의 노선은 너끈히 '샤오캉' 시대를 견인해내었고, 2003년 유인 우주선 '선저우[神舟] 5호'를 쏘아 올린 중국은 이제 우주대국의 꿈을 향해 하늘로 솟아오르고 있다.

상대주의적 가치관

중국 역사를 통해서 유가의 도덕 정신은 항상 주류적인 위치를 차지하여 왔다. 유가는 사람이 금수와 다른 근거는 모든 이에게 내재되어 있는 선한 도덕 본성에 있으며, 이 본성을 따라 아름다운 공동체를 가꾸어 나가는 데 있다고 보았다. 그러나 춘추전국 시대 이러한 가치관에 정면으로 반기를 들고 나온 학파가 있었다. 그들은 유가에 의해 정형화된 가치관의 틀을 부정하고 진리는 얼마든지 상대화될 수 있다고 주장하였다. 노자로부터 시작된 이 학파는 훗날 '도가'로 불렸다.

열린 가치와 다양성의 근거

노자는 공자가 말했던 인류의 발달 과정을 전면 부정했다. 그는 오히려 갇힌 도덕의 출현은 도의 타락에서 비롯되었다고 말하였다. 노자에 의하면 도가 타락한 후에 인의(仁義)가 생겨났고, 지혜가 출현하고 나서 큰 거짓들이 생겨났다. 또한 육친(六親)이 불화하면서 효도와 자애라는 덕목이 생겨났고, 국가가 혼란해지면서 충신이 등장했다. 노자의 눈으로 보면 인의나 효도는 인간이 본래적으로 지니고 실천해야 하는 당위의 덕목이 아니라 단지 타락의 산물에 불과했다. 이러한 덕목들이 나와서 인간사회에 족쇄를 채우기 전에, 도(道)가 살아 숨쉬고 '무위(無爲)'가 시행되는 시대가 있었다. 그가 말하는 '무위'는 결코 물러서서 아무것도 하지 않는 것이 아니었다. 그것은 아무것도 하지 않는 듯이 보이나 사실은 모든 것이 소리 없이 완성되어지는 삶의 경계를 말한다. '도'와 '무위'의 경계에서 보면 유가에 의해 구축된 인문 질서와 도덕 가치는 도를 타락시키고 '무위'를 억지로 인위적인 틀 속에 가두는 열등한 것에 불과하다.

노자는 갇힌 논리와 고정된 가치에 대하여 언제나 반기를 들었다. 그는 "천하 사람들은 아름다운 것이 아름다운 줄 알지만 사실은 추한 것에 불과하다. 선한 것이 선한 줄 알지만 사실은 선하지 않다. 있음과 없음은 서로 생성하고, 어려움과 쉬움은 서로 이루며, 긴 것과 짧은 것은 서로 형성해 주며, 높고 낮음은 서로 채워주고, 음(音)과 성(聲)은 서로 화음을 이루고, 앞과 뒤는 서로 따라온다"고 말하였다. 따라서 진정한 도의 세계는 상대적인 가치가 자유롭게 서로 넘나들고 다양한 주장들이 서로 제자리를 찾고 있는 열린 공간이다. 노자는 힘주어 말한다. "만약 도를 특정한 도라고 규정할 수 있다면 그것은 이미 모든 가치의 열린 공간으로서의 '늘 그러한 도'가 될 수 없다."

근대 중국은 서구 열강의 식민 통치에서 벗어나기 위해서 모든 인민의 대동단결과 사상투쟁을 전개하였다. 그 결과 통일 국가를 건설할 수는 있었으나 그들이 본래적으로 가지고 있었던 가치의 개방과 다양성의 색채는 많이 소실될 수밖에 없었다. 고대 중국 인민들의 관념 속에는 국가 공동체의 관념이나 왕조에의 귀속감보다는, 지역 공동체의 관념과 문화 공동체의 관념이 훨씬 강했다. 그들은 본래 살고 있는 지역의 안위를 위해서 싸웠고 자신이 속한 문화를 통해서 정체성을 확인하였다. '샤오캉(小康)'사회로 진입하면서, 지금 중국에서는 다양한 문화활동의 징후가 포착되고 있다. 다양성과 가치의 개방이 열리는 어느 시점을 넘으면 중국 공산당은 더 이상 '애국'과 '통일'의 논리로 중국사회를 다스릴 수 없을 것이다.

도의 미학과 환경 친화적 세계관

노자가 도와 무위의 세계를 설명했다면 장자는 도의 세계를 노니는 자의 정신 경지를 설명하였다. 장자는 '소요유(逍遙

游)'의 경지를 이렇게 말한다.

대붕(大鵬)과 같이 구만 리를 날아올라 남쪽으로 날아가
는 거대한 새를 부러워할 것도 없고, 종달새와 같이 작은 새
가 수풀 주위를 겨우 맴돌면서 대붕을 비웃는 것을 우습다
고 말할 필요도 없다. 대붕이 혼자 힘으로 날아오른 것 같지
만 사실은 투명한 바람에 의지하였고, 열자(列子)가 마음대
로 하늘을 난 것 같지만 사실은 구름에 탄 것이다. 이러한
경지는 아직도 무엇에 의존하기 때문에 최고의 경지는 아니
다. '소요유'의 경지는 도와 일체가 되어 더 이상 아무것도
의존할 필요가 없을 때 이룩된다. 천지의 바른 기운을 타고
육기(六氣)의 변화를 몰아서 무궁(無窮)에서 노니는 자는
다시 무엇을 의지할 필요가 있겠는가? 드높은 자는 자아의
흔적이 없고, 신비한 자는 공적을 찾을 수 없으며, 성스러운
자는 이름을 남기지 않는다.

비록 구름일지라도 그것을 의지하게 되면 인위적인 것이
된다. 인위적인 몸짓은 대자연이 지니는 도의 흐름과 다를 수
밖에 없다. 진정으로 도를 드러내는 삶은 나 자신이 도와 하나
가 될 때에만 성립될 수 있다. 장자는 노자가 기존 가치에 대
한 부정과 전복의 성향에 치중했던 수준에서 한 걸음 나아가,
양자의 대립을 넘어 도와 자연을 찬양하고, 그 속에서 노니는
인간의 아름다움을 보여주었다. 도의 세계는 인간의 문명 건

설을 극소화시키고 자연의 환경을 고스란히 보전하는 세계와 가깝다. 장자에 의하면 소와 말은 네 다리를 가지고 있는 것이 자연적인 것이고, 말 머리에 멍에를 얹고 소의 코에 고삐를 꿰는 것은 인위적인 것이다. 또한 오리의 다리가 짧다고 이어주면 근심거리가 되고, 학의 다리가 길지만 끊으면 슬픈 일이다. 따라서 본성이 긴 것을 잘라서는 안 되고, 본성이 짧은 것을 이어서는 안 된다.

현대 중국은 창장[長江]에 싼샤[三峽]댐을 건설하여 수위를 높이고 수로를 개척하여 서부대개발의 꿈을 현실화하고 있다. 중국에서 수천 년간 자연과 조화를 이루며 살아왔던 많은 성시(城市)들은 21세기에 접어들면서 콘크리트 건물과 공장들로 새 치장을 하고 있다. 고대 문물과 문화유적은 개발의 논리에 밀려 역사 속에서 자취를 감추고 있다. 모든 가치와 원칙이 개발의 논리 앞에서 철저하게 무력화되고 있는 중국의 현실 속에서 옛것을 지키고 대자연의 본래적인 모습을 지키려는 노력은 힘을 받지 못하고 있다. 이 시기에 중국사회는 도가가 말했던 자연 친화적 가치관에 귀 기울일 필요가 있다. 독선적인 개발의 논리를 부수고 대자연의 소중함을 회복하기 위해서라도 21세기의 중국에는 새로운 노자가 출현해야 한다.

앞서 밝힌 세 가지 가치관의 유형 외에도 법가가 주장하는 '도덕 무용론'과 '절충주의적 가치관' 등이 있는데, 이것을 현대 중국에 적용시켜 보면 다음 표와 같다.

표5 중국 가치관의 유형과 현대적 적용

가치관 유형	주요 인물 및 학파	가치 기준	중국의 현대적 담론에 적용
도덕 지상주의	공자, 맹자, 송명유학	내면적 도덕의식	지식인의 도덕적 각성, 정신 가치와 물질 가치의 충돌
공리주의적 가치관	묵가	백성의 이로움	실용주의 노선, 이데올로기의 전환
상대주의적 가치관	노자, 장자	무위의 도, 자연	환경 친화적 정책, 다양한 문화의 사상 근거
도덕 무용론	한비자, 법가	강력한 법 집행	강력한 법 집행으로 인권 문제 야기
절충주의적 가치관	왕충	도덕과 힘의 겸비	현실주의적 정책

맺음말을 대신하여

중국에는 다양한 가치를 지닌 지식인들이 있고 다양한 가치에 바탕을 둔 정책들이 있고 다양한 가치관을 따라서 살아가는 시민들이 있다. 다양한 가치와 문화들은 시대의 변화에 따라 상호 부침을 거듭하면서 발전해 왔으며, 새로운 이슈와 맞물려 전혀 다른 형태로 등장하기도 하였다. 또한 절충주의자들에 의해 서로 융합하거나 타협하는 형태를 띠기도 하였고, 시대의 요구에 밀려 폐기처분되는 경우도 있었다.

중국은 지금 어떤 노선을 취하고 어떤 가치를 가장 우선시하고 있는가? 그리고 향후 그들은 또 어떤 노선을 선택할 것인가? 중국을 바라보는 우리는 여전히 그들이 과거로부터 말해왔던 가치를 통해서 미래의 가치 성향을 예측해야 할 것이다.

(원고를 쓰면서 중국의 학자 치엔무[錢穆], 장따이녠[張岱年] 교수의 연구에 힘입은 바 크며, 국내 학자로는 김충렬 교수와 이춘석 교수의 연구에서 많은 도움을 받았다. 심심한 감사를 드린다. 이 글은 한국외대 외국학종합연구센터의 『국제지역정보』에 연재한 글을 확대, 보완한 것이다. 센터 조이환 원장님과 편집 책임자인 박상남 교수님께 다시 한번 감사드린다.)

참고문헌

강준영 외, 『한 권으로 이해하는 중국』, 지영사, 1999.

김충렬, 『중국철학사-중국철학의 원류』, 예문서원, 1994.

송영배, 『중국사회사상사』, 한길사, 1986.

이익희 외, 『공자를 살려야 중국이 산다』, 일빛, 2003.

이춘석, 『중화사상』, 교보문고, 1998.

한국철학사상연구회 편저, 『현대 중국의 모색』, 동녘, 1994.

Huntington, Samuel P., 이종인 옮김, 『문화가 중요하다』, 김영사, 1991.

金春明·席宣, 이정남·하도형·주장환 옮김, 『문화대혁명사』, 나무와 숲, 2000.

劉吉 外, 김태만 외 옮김, 『장쩌민과 신중국 건설의 청사진』, 동방미디어, 1998.

園田茂人, 박준식 옮김, 『중국인, 이렇게 생각하고 행동한다』, 다락원, 2003.

張岱年, 『張岱年全集』, 河北人民出版社, 1996.

張岱年·程宜山, 『中國文化與文化論爭』, 中國人民大學出版社, 1997.

張岱年, 『中國文化槪論』, 北京師範大學出版社, 2001.

錢穆, 『國史大綱』, 北京 : 商務印書館, 1997.

____, 『中國文化史導論』, 北京 : 商務印書館, 2001.

____, 『中國學術通義』, 臺北 : 學生書局, 1993.

周月亮, 『中國古代文化傳播史』, 北京廣播學院出版社, 2000.

竹内照夫, 이남희 옮김, 『사서오경 : 동양철학의 이해』, 까치, 1994.

中村元, 김지견 옮김, 『중국인의 사유방법』, 까치, 1990.

馮友蘭, 정인재 옮김, 『중국철학사』, 형설출판사, 1998.

馮天瑜, 『中國文化發展軌迹』, 上海人民出版社, 2000.

프랑스엔 〈크세주〉, 일본엔 〈이와나미 문고〉,
한국에는 〈살림지식총서〉가 있습니다.

📖 전자책 | 🔍 큰글자 | 🔊 오디오북

001 미국의 좌파와 우파 | 이주영 📖🔍
002 미국의 정체성 | 김형인 📖
003 마이너리티 역사 | 손영호 📖
004 두 얼굴을 가진 하나님 | 김형인 📖
005 MD | 정욱식 📖🔍
006 반미 | 김진웅 📖
007 영화로 보는 미국 | 김성곤 📖🔍
008 미국 뒤집어보기 | 장석정
009 미국 문화지도 | 장석정
010 미국 메모랜덤 | 최성일
011 위대한 어머니 여신 | 장영란 📖🔍
012 변신이야기 | 김선자 📖
013 인도신화의 계보 | 류경희 📖🔍
014 축제인류학 | 류정아 📖
015 오리엔탈리즘의 역사 | 정진농 📖🔍
016 이슬람 문화 | 이희수 📖🔍
017 살롱문화 | 서정복 📖
018 추리소설의 세계 | 정규웅 🔍
019 애니메이션의 장르와 역사 | 이용배 📖
020 문신의 역사 | 조현설 📖
021 색채의 상징, 색채의 심리 | 박영수 📖🔍
022 인체의 신비 | 이성주 📖🔍
023 생물학무기 | 배우철 📖
024 이 땅에서 우리말로 철학하기 | 이기상
025 중세는 정말 암흑기였나 | 이경재 📖🔍
026 미셸 푸코 | 양운덕 📖🔍
027 포스트모더니즘에 대한 성찰 | 신승환 📖🔍
028 조폭의 계보 | 방성수
029 성스러움과 폭력 | 류성민 📖
030 성상 파괴주의와 성상 옹호주의 | 진형준 📖
031 UFO학 | 성시정 📖
032 최면의 세계 | 설기문 📖
033 천문학 탐구자들 | 이면우
034 블랙홀 | 이충환 📖
035 법의학의 세계 | 이윤성 📖🔍
036 양자 컴퓨터 | 이순칠 📖
037 마피아의 계보 | 안혁 📖🔍
038 헬레니즘 | 윤진 📖🔍
039 유대인 | 정성호 📖🔍
040 M. 엘리아데 | 정진홍 📖🔍
041 한국교회의 역사 | 서정민 📖
042 야훼와 바알 | 김남일 📖
043 캐리커처의 역사 | 박창석 📖
044 한국 액션영화 | 오승욱 📖
045 한국 문예영화 이야기 | 김남석 📖
046 포켓몬 마스터 되기 | 김윤아 📖

047 판타지 | 송태현 📖
048 르 몽드 | 최연구 📖🔍
049 그리스 사유의 기원 | 김재홍 📖
050 영혼론 입문 | 이정우
051 알베르 카뮈 | 유기환 📖🔍
052 프란츠 카프카 | 편영수 📖
053 버지니아 울프 | 김희정 📖
054 재즈 | 최규용 📖🔍
055 뉴에이지 음악 | 양한수 📖
056 중국의 고구려사 왜곡 | 최광식 📖🔍
057 중국의 정체성 | 강준영 📖
058 중국의 문화코드 | 강진석 🔍
059 중국사상의 뿌리 | 장현근 📖🔍
060 화교 | 정성호 📖
061 중국인의 금기 | 장범성 📖
062 무협 | 문현선 📖
063 중국영화 이야기 | 임대근 📖
064 경극 | 송철규 📖
065 중국적 사유의 원형 | 박정근 📖🔍
066 수도원의 역사 | 최형걸 📖
067 현대 신학 이야기 | 박만 📖
068 요가 | 류경희 📖🔍
069 성공학의 역사 | 정해윤 📖
070 진정한 프로는 변화가 즐겁다 | 김학선 📖🔍
071 외국인 직접투자 | 송의달
072 지식의 성장 | 이한구 📖🔍
073 사랑의 철학 | 이정은 📖
074 유교문화와 여성 | 김미영 📖
075 매체 정보란 무엇인가 | 구연상 📖🔍
076 피에르 부르디외와 한국사회 | 홍성민 📖
077 21세기 한국의 문화혁명 | 이정덕 📖
078 사건으로 보는 한국의 정치변동 | 양길현 📖🔍
079 미국을 만든 사상들 | 정경희 📖🔍
080 한반도 시나리오 | 정욱식 📖🔍
081 미국인의 발견 | 우수근 📖
082 미국의 거장들 | 김홍국 📖
083 법으로 보는 미국 | 채동배
084 미국 여성사 | 이창신 📖
085 책과 세계 | 강유원 📖
086 유럽왕실의 탄생 | 김현수 📖🔍
087 박물관의 탄생 | 전진성 📖
088 절대왕정의 탄생 | 임승휘 📖🔍
089 커피 이야기 | 김성윤 📖🔍
090 축구의 문화사 | 이은호
091 세기의 사랑 이야기 | 안재필 📖🔍
092 반연극의 계보와 미학 | 임준서 📖

093 한국의 연출가들 | 김남석 📖
094 동아시아의 공연예술 | 서연호 📖
095 사이코드라마 | 김정일
096 철학으로 보는 문화 | 신응철 📖🔍
097 장 폴 사르트르 | 변광배 📖
098 프랑스 문화와 상상력 | 박기현 📖
099 아브라함의 종교 | 공일주 📖
100 여행 이야기 | 이진홍 📖
101 아테네 | 장영란 📖🔍
102 로마 | 한형곤 📖
103 이스탄불 | 이희수 📖
104 예루살렘 | 최창모 📖
105 상트 페테르부르크 | 방일권 📖
106 하이델베르크 | 곽병휴 📖
107 파리 | 김복래 📖
108 바르샤바 | 최건영 📖
109 부에노스아이레스 | 고부안 📖
110 멕시코 시티 | 정혜주 📖
111 나이로비 | 양철준 📖
112 고대 올림픽의 세계 | 김복희 📖
113 종교와 스포츠 | 이창익 📖
114 그리스 미술 이야기 | 노성두 📖
115 그리스 문명 | 최혜영 📖
116 그리스와 로마 | 김덕수 📖🔍
117 알렉산드로스 | 조현미 📖
118 고대 그리스의 시인들 | 김헌 📖
119 올림픽의 숨은 이야기 | 장원재 📖
120 장르 만화의 세계 | 박인하 📖
121 성공의 길은 내 안에 있다 | 이숙영 📖🔍
122 모든 것을 고객중심으로 바꿔라 | 안상헌 📖
123 중세와 토마스 아퀴나스 | 박주영 📖🔍
124 우주 개발의 숨은 이야기 | 정홍철 📖
125 나노 | 이영희 📖
126 초끈이론 | 박재모 · 현승준 📖
127 안토니 가우디 | 손세관 📖🔍
128 프랭크 로이드 라이트 | 서수경 📖
129 프랭크 게리 | 이일형
130 리차드 마이어 | 이성훈 📖
131 안도 다다오 | 임채진 📖
132 색의 유혹 | 오수연 📖
133 고객을 사로잡는 디자인 혁신 | 신언모
134 양주 이야기 | 김준철 📖🔍
135 주역과 운명 | 심의용 📖🔍
136 학계의 금기를 찾아서 | 강성민 📖🔍
137 미 · 중 · 일 새로운 패권전략 | 우수근 📖🔍
138 세계지도의 역사와 한반도의 발견 | 김상근 📖🔍
139 신라 김씨 교수의 독도 이야기 | 신용하 🔍
140 간도는 누구의 땅인가 | 이성환 📖🔍
141 말리노프스키의 문화인류학 | 김용환 📖
142 크리스마스 | 이영제
143 바로크 | 신정아 📖
144 페르시아 문화 | 신규섭 📖
145 패션과 명품 | 이재진 📖
146 프랑켄슈타인 | 장정희 📖

147 뱀파이어 연대기 | 한혜원 📖🔊
148 위대한 힙합 아티스트 | 김정훈 📖
149 살사 | 최명호
150 모던 걸, 여우 목도리를 버려라 | 김주리 📖
151 누가 하이카라 여성을 데리고 사누 | 김미지 📖
152 스위트 홈의 기원 | 백지혜 📖
153 대중적 감수성의 탄생 | 강심호 📖
154 에로 그로 넌센스 | 소래섭 📖
155 소리가 만들어낸 근대의 풍경 | 이승원 📖
156 서울은 어떻게 계획되었는가 | 염복규 📖🔍
157 부엌의 문화사 | 함한희 📖
158 칸트 | 최인숙 📖
159 사람은 왜 인정받고 싶어하나 | 이정은 📖🔍
160 지중해학 | 박상진 📖
161 동북아시아 비핵지대 | 이삼성 외
162 서양 배우의 역사 | 김정수
163 20세기의 위대한 연극인들 | 김미혜 📖
164 영화음악 | 박신영 📖
165 한국독립영화 | 김수남 📖
166 영화와 샤머니즘 | 이종승 📖
167 영화로 보는 불륜의 사회학 | 황혜진 📖
168 J.D. 샐린저와 호밀밭의 파수꾼 | 김성곤 📖
169 허브 이야기 | 조태동 · 송진희 📖
170 프로레슬링 | 성민수 📖
171 프랑크푸르트 | 이기식 📖
172 바그다드 | 이동은 📖
173 아테네인, 스파르타인 | 윤진 📖
174 정치의 원형을 찾아서 | 최자영 📖
175 소르본 대학 | 서정복 📖
176 테마로 보는 서양미술 | 권용준 📖🔍
177 칼 마르크스 | 박영균
178 허버트 마르쿠제 | 손철성 📖
179 안토니오 그람시 | 김현우 📖
180 안토니오 네그리 | 윤수종 📖
181 박이문의 문학과 철학 이야기 | 박이문 📖🔍
182 상상력과 가스통 바슐라르 | 홍명희 📖
183 인간복제의 시대가 온다 | 김홍재
184 수소 혁명의 시대 | 김미선 📖
185 로봇 이야기 | 김문상 📖
186 일본의 정체성 | 김필동 📖🔍
187 일본의 서양문화 수용사 | 정하미 📖🔍
188 번역과 일본의 근대 | 최경옥 📖
189 전쟁국가 일본 | 이성환 📖
190 한국과 일본 | 하우봉 📖🔍
191 일본 누드 문화사 | 최유경 📖
192 주신구라 | 이준섭
193 일본의 신사 | 박규태 📖
194 미야자키 하야오 | 김윤아 📖🔊
195 애니메이션으로 보는 일본 | 박규태 📖
196 디지털 에듀테인먼트 스토리텔링 | 강심호 📖
197 디지털 애니메이션 스토리텔링 | 배주영 📖
198 디지털 게임의 미학 | 전경란 📖
199 디지털 게임 스토리텔링 | 한혜원 📖
200 한국형 디지털 스토리텔링 | 이인화 📖

201 디지털 게임, 상상력의 새로운 영토 | 이정엽 🔊
202 프로이트와 종교 | 권수영
203 영화로 보는 태평양전쟁 | 이동훈 📖
204 소리의 문화사 | 김토일 📖
205 극장의 역사 | 임종엽 📖
206 뮤지엄건축 | 서상우
207 한옥 | 박명덕 📖
208 한국만화사 산책 | 손상익
209 만화 속 백수 이야기 | 김성훈
210 코믹스 만화의 세계 | 박석환 📖
211 북한만화의 이해 | 김성훈 · 박소현
212 북한 애니메이션 | 이대연 · 김경임
213 만화로 보는 미국 | 김기홍
214 미생물의 세계 | 이재열 📖
215 빛과 색 | 변종철 📖
216 인공위성 | 장영근 📖
217 문화콘텐츠란 무엇인가 | 최연구 📖 🔍
218 고대 근동의 신화와 종교 | 강성열 📖
219 신비주의 | 금인숙 📖
220 십자군, 성전과 약탈의 역사 | 진원숙
221 종교개혁 이야기 | 이성덕 📖
222 자살 | 이진홍 📖
223 성, 그 억압과 진보의 역사 | 윤가현 📖 🔍
224 아파트의 문화사 | 박철수 📖
225 권오길 교수가 들려주는 생물의 섹스 이야기 | 권오길 📖
226 동물행동학 | 임신재 📖
227 한국 축구 발전사 | 김성원 📖
228 월드컵의 위대한 전설들 | 서준형
229 월드컵의 강국들 | 심재희
230 스포츠마케팅의 세계 | 박찬혁
231 일본의 이중권력, 쇼군과 천황 | 다카시로 고이치
232 일본의 사소설 | 안영희
233 글로벌 매너 | 박한표 📖
234 성공하는 중국 진출 가이드북 | 우수근
235 20대의 정체성 | 정성호 📖
236 중년의 사회학 | 정성호 📖 🔍
237 인권 | 차병직 📖
238 헌법재판 이야기 | 오호택 📖
239 프라하 | 김규진 📖
240 부다페스트 | 김성진 📖
241 보스턴 | 황선희 📖
242 돈황 | 전인초 📖
243 보들레르 | 이건수 📖
244 돈 후안 | 정동섭 📖
245 사르트르 참여문학론 | 변광배 📖
246 문체론 | 이종오 📖
247 올더스 헉슬리 | 김효원 📖
248 탈식민주의에 대한 성찰 | 박종성 📖 🔍
249 서양 무기의 역사 | 이내주 📖
250 백화점의 문화사 | 김인호 📖
251 초콜릿 이야기 | 정한진 📖
252 향신료 이야기 | 정한진 📖
253 프랑스 미식 기행 | 심순철
254 음식 이야기 | 윤진아 📖 🔍
255 비틀스 | 고영탁 📖
256 현대시와 불교 | 오세영
257 불교의 선악론 | 안옥선
258 질병의 사회사 | 신규환 📖 🔍
259 와인의 문화사 | 고형욱 📖
260 와인, 어떻게 즐길까 | 김준철 📖 🔍
261 노블레스 오블리주 | 예종석 📖
262 미국인의 탄생 | 김진웅 📖
263 기독교의 교파 | 남병두 📖 🔍
264 플로티노스 | 조규홍 📖
265 아우구스티누스 | 박경숙 📖
266 안셀무스 | 김영철 📖
267 중국 종교의 역사 | 박종우 📖
268 인도의 신화와 종교 | 정광흠
269 이라크의 역사 | 공일주 📖
270 르 코르뷔지에 | 이관석 📖
271 김수영, 혹은 시적 양심 | 이은정 📖 🔍 🔊
272 의학사상사 | 여인석 📖
273 서양의학의 역사 | 이재담 📖 🔍
274 몸의 역사 | 강신익 📖
275 인류를 구한 항균제들 | 예병일 📖
276 전쟁의 판도를 바꾼 전염병 | 예병일 📖
277 사상의학 바로 알기 | 장동민 📖
278 조선의 명의들 | 김호 📖
279 한국인의 관계심리학 | 권수영 📖 🔍
280 모건의 가족 인류학 | 김용환
281 예수가 상상한 그리스도 | 김호경 📖
282 사르트르와 보부아르의 계약결혼 | 변광배 📖 🔍
283 초기 기독교 이야기 | 진원숙 📖
284 동유럽의 민족 분쟁 | 김철민 📖
285 비잔틴제국 | 진원숙 📖
286 오스만제국 | 진원숙 📖
287 별을 보는 사람들 | 조상호
288 한미 FTA 후 직업의 미래 | 김준성 📖
289 구조주의와 그 이후 | 김종우 📖
290 아도르노 | 이종하 📖
291 프랑스 혁명 | 서정복 📖 🔍
292 메이지유신 | 장인성 📖 🔍
293 문화대혁명 | 백승욱 📖 🔍
294 기생 이야기 | 신현규 📖
295 에베레스트 | 김법모 📖
296 빈 | 인성기 📖
297 발트3국 | 서진석 📖
298 아일랜드 | 한일동 📖
299 이케다 하야토 | 권혁기 📖
300 박정희 | 김성진 📖 🔊
301 리콴유 | 김성진 📖
302 덩샤오핑 | 박형기 📖
303 마거릿 대처 | 박동운 📖 🔊
304 로널드 레이건 | 김형곤 📖 🔊
305 셰이크 모하메드 | 최진영 📖
306 유엔사무총장 | 김정태 📖
307 농구의 탄생 | 손대범 📖
308 홍차 이야기 | 정은희 📖 🔍

309 인도 불교사 | 김미숙 🔲
310 아한사 | 이정호
311 인도의 경전들 | 이재숙 🔲
312 글로벌 리더 | 백형찬 🔲 🔎
313 탱고 | 배수경 🔲
314 미술경매 이야기 | 이규현 🔲
315 달마와 그 제자들 | 우봉규 🔲 🔎
316 화두와 좌선 | 김호귀 🔲 🔎
317 대학의 역사 | 이광주 🔲 🔎
318 이슬람의 탄생 | 진원숙 🔲
319 DNA분석과 과학수사 | 박기원 🔎
320 대통령의 탄생 | 조지형 🔲
321 대통령의 퇴임 이후 | 김형곤 🔲
322 미국의 대통령 선거 | 윤용희 🔲
323 프랑스 대통령 이야기 | 최연구 🔲
324 실용주의 | 이유선 🔲 🔎
325 맥주의 세계 | 원용희 🔲 🔊
326 SF의 법칙 | 고장원
327 원효 | 김원명 🔲
328 베이징 | 조창완 🔲
329 상하이 | 김윤희 🔲
330 홍콩 | 유영하 🔲
331 중화경제의 리더들 | 박형기 🔲 🔎
332 중국의 엘리트 | 주장환 🔲
333 중국의 소수민족 | 정재남
334 중국을 이해하는 9가지 관점 | 우수근 🔲 🔎 🔊
335 고대 페르시아의 역사 | 유흥태 🔲
336 이란의 역사 | 유흥태 🔲
337 에스파냐 | 유흥태 🔲
338 번역이란 무엇인가 | 이향 🔲
339 해체론 | 조규형 🔲
340 자크 라캉 | 김용수 🔲
341 하지홍 교수의 개 이야기 | 하지홍 🔲
342 다방과 카페, 모던보이의 아지트 | 장유정 🔲
343 역사 속의 채식인 | 이광조 (절판)
344 보수와 진보의 정신분석 | 김용신 🔲 🔎
345 저작권 | 김기태 🔲
346 왜 그 음식은 먹지 않을까 | 정한진 🔲 🔎 🔊
347 플라멩코 | 최명호
348 월트 디즈니 | 김지영 🔲
349 빌 게이츠 | 김익현 🔲
350 스티브 잡스 | 김상훈 🔲 🔎
351 잭 웰치 | 하정필 🔲
352 워렌 버핏 | 이민주
353 조지 소로스 | 김성진 🔲
354 마쓰시타 고노스케 | 권혁기 🔲 🔎
355 도요타 | 이우광 🔲
356 기술의 역사 | 송성수 🔲
357 미국의 총기 문화 | 손영호 🔲
358 표트르 대제 | 박지배 🔲
359 조지 워싱턴 | 김형곤 🔲
360 나폴레옹 | 서정복 🔲 🔊
361 비스마르크 | 김장수 🔲
362 모택동 | 김승일 🔲

363 러시아의 정체성 | 기연수 🔲
364 너는 시방 위험한 로봇이다 | 오은 🔲
365 발레리나를 꿈꾼 로봇 | 김선혁 🔲
366 로봇 선생님 가라사대 | 안동근 🔲
367 로봇 디자인의 숨겨진 규칙 | 구신애 🔲
368 로봇을 향한 열정, 일본 애니메이션 | 안병욱 🔲
369 도스토예프스키 | 박영은 🔲 🔊
370 플라톤의 교육 | 장영란 🔲
371 대공황 시대 | 양동휴 🔲
372 미래를 예측하는 힘 | 최연구 🔲 🔎
373 꼭 알아야 하는 미래 질병 10가지 | 우정헌 🔲 🔎 🔊
374 과학기술의 개척자들 | 송성수 🔲
375 레이첼 카슨과 침묵의 봄 | 김재호 🔲 🔎
376 좋은 문장 나쁜 문장 | 송준호 🔲 🔎
377 바울 | 김호경 🔲
378 테킬라 이야기 | 최명호 🔲
379 어떻게 일본 과학은 노벨상을 탔는가 | 김범성 🔲
380 기후변화 이야기 | 이유진 🔲 🔎
381 샹송 | 전금주
382 이슬람 예술 | 전완경 🔲
383 페르시아의 종교 | 유흥태
384 삼위일체론 | 유해무 🔲
385 이슬람 율법 | 공일주 🔲
386 금강경 | 곽철환 🔎
387 루이스 칸 | 김낙중 · 정태용 🔲
388 톰 웨이츠 | 신주현 🔲
389 위대한 여성 과학자들 | 송성수 🔲
390 법원 이야기 | 오호택 🔲
391 명예훼손이란 무엇인가 | 안상운 🔲 🔎
392 사법권의 독립 | 조지형 🔲
393 피해자학 강의 | 장규원 🔲
394 정보공개란 무엇인가 | 안상운 🔲
395 적정기술이란 무엇인가 | 김정태 · 홍성욱 🔲
396 치명적인 금융위기, 왜 유독 대한민국인가 | 오형규 🔲 🔎
397 지방자치단체, 돈이 새고 있다 | 최인욱 🔲
398 스마트 위험사회가 온다 | 민경식 🔲 🔎
399 한반도 대재난, 대책은 있는가 | 이정직 🔲
400 불안사회 대한민국, 복지가 해답인가 | 신광영 🔲
401 21세기 대한민국 대외전략 | 김기수 🔲
402 보이지 않는 위협, 종북주의 | 류현수 🔲
403 우리 헌법 이야기 | 오호택 🔲
404 핵심 중국어 간체자(简体字) | 김현정 🔎
405 문화생활과 문화주택 | 김용범 🔲
406 미래주거의 대안 | 김세용 · 이재준
407 개방과 폐쇄의 딜레마, 북한의 이중적 경제 | 남성욱 · 정유석 🔲
408 연극과 영화를 통해 본 북한 사회 | 민병욱 🔲
409 먹기 위한 개방, 살기 위한 외교 | 김계동 🔲
410 북한 정권 붕괴 가능성과 대비 | 전경주 🔲
411 북한을 움직이는 힘, 군부의 패권경쟁 | 이영훈 🔲
412 인민의 천국에서 벌어지는 인권유린 | 허만호 🔲
413 성공을 이끄는 마케팅 법칙 | 추성엽 🔲
414 커피로 알아보는 마케팅 베이직 | 김민주 🔲
415 쓰나미의 과학 | 이호준 🔲
416 20세기를 빛낸 극작가 20인 | 백승무 🔲

417 20세기의 위대한 지휘자 | 김문경 📖🔍
418 20세기의 위대한 피아니스트 | 노태헌 📖🔍
419 뮤지컬의 이해 | 이동섭 📖
420 위대한 도서관 건축 순례 | 최정태 📖🔍
421 아름다운 도서관 오디세이 | 최정태 📖🔍
422 롤링 스톤즈 | 김기범 📖
423 서양 건축과 실내디자인의 역사 | 천진희 📖
424 서양 가구의 역사 | 공혜원 📖
425 비주얼 머천다이징&디스플레이 디자인 | 강희수
426 호감의 법칙 | 김경호 📖
427 시대의 지성, 노암 촘스키 | 임기대 📖
428 역사로 본 중국음식 | 신계숙 📖
429 일본요리의 역사 | 박병학 📖🔍
430 한국의 음식문화 | 도현신 📖
431 프랑스 음식문화 | 민혜련 📖
432 중국차 이야기 | 조은아 📖🔍
433 디저트 이야기 | 안호기 📖
434 치즈 이야기 | 박승용 📖
435 면(麵) 이야기 | 김한송 📖🔍
436 막걸리 이야기 | 정은숙 📖
437 알렉산드리아 비블리오테카 | 남태우 📖
438 개헌 이야기 | 오호택 📖
439 전통 명품의 보고, 규장각 | 신병주 📖🔍
440 에로스의 예술, 발레 | 김도윤 📖
441 소크라테스를 알라 | 장영란 📖
442 소프트웨어가 세상을 지배한다 | 김재호 📖
443 국제난민 이야기 | 김철민 📖
444 셰익스피어 그리고 인간 | 김도윤 📖
445 명상이 경쟁력이다 | 김필수 📖🔍
446 갈매나무의 시인 백석 | 이숭원 📖🔍
447 브랜드를 알면 자동차가 보인다 | 김흥식 📖
448 파이온에서 힉스 입자까지 | 이강영 📖🔍
449 알고 쓰는 화장품 | 구희연 📖🔍
450 희망이 된 인문학 | 김호연 📖🔍
451 한국 예술의 큰 별 동랑 유치진 | 백형찬 📖
452 경허와 그 제자들 | 우봉규 📖
453 논어 | 윤홍식 📖🔍
454 장자 | 이기동 📖🔍
455 맹자 | 장현근 📖🔍
456 관자 | 신창호 📖🔍
457 순자 | 윤무학 📖🔍
458 미사일 이야기 | 박준복 📖
459 사주(四柱) 이야기 | 이지형 📖
460 영화로 보는 로큰롤 | 김기범 📖
461 비타민 이야기 | 김정환 📖🔍
462 장군 이순신 | 도현신 📖🔍
463 전쟁의 심리학 | 이윤규 📖
464 미국의 장군들 | 여영무 📖
465 첨단무기의 세계 | 양낙규 📖
466 한국무기의 역사 | 이내주 📖🔍
467 노자 | 임헌규 📖🔍
468 한비자 | 윤찬원 📖🔍
469 묵자 | 박문현 📖🔍
470 나는 누구인가 | 김용신 📖🔍

471 논리적 글쓰기 | 여세주 📖🔍
472 디지털 시대의 글쓰기 | 이강룡 🔍
473 NLL을 말하다 | 이상철 📖🔍
474 뇌의 비밀 | 서유헌 📖🔍
475 버트런드 러셀 | 박병철 📖
476 에드문트 후설 | 박인철 📖
477 공간 해석의 지혜, 풍수 | 이지형 📖🔍
478 이야기 동양철학사 | 강성률 📖
479 이야기 서양철학사 | 강성률 📖🔍
480 독일 계몽주의의 유학적 기초 | 전홍석 📖
481 우리말 한자 바로쓰기 | 안광희 📖
482 유머의 기술 | 이상훈 📖
483 관상 | 이태룡 📖
484 가상학 | 이태룡 📖
485 역경 | 이태룡 📖
486 대한민국 대통령들의 한국경제 이야기 1 | 이장규 📖🔍
487 대한민국 대통령들의 한국경제 이야기 2 | 이장규 📖🔍
488 별자리 이야기 | 이형철 외 📖🔍
489 셜록 홈즈 | 김재성 📖
490 역사를 움직인 중국 여성들 | 이양자 📖🔍
491 중국 고전 이야기 | 문승용 📖🔍
492 발효 이야기 | 이미란 📖🔍
493 이승만 평전 | 이주영 📖🔍
494 미군정시대 이야기 | 차상철 📖🔍
495 한국전쟁사 | 이희진 📖🔍
496 정전협정 | 조성훈 📖🔍
497 북한 대남 침투도발사 | 이윤규 📖
498 수상 | 이태룡 📖
499 성명학 | 이태룡 📖
500 결혼 | 남정욱 📖🔍
501 광고로 보는 근대문화사 | 김병희 📖🔍
502 시조의 이해 | 임형선 📖
503 일본인은 왜 속마음을 말하지 않을까 | 임영철 📖
504 내 사랑 아다지오 | 양태조 📖
505 수프림 오페라 | 김도윤 📖
506 바그너의 이해 | 서정원 📖
507 원자력 이야기 | 이정익 📖
508 이스라엘과 창조경제 | 정성호 📖
509 한국 사회 빈부의식은 어떻게 변했는가 | 김용신 📖
510 요하문명과 한반도 | 우실하 📖
511 고조선왕조실록 | 이희진 📖
512 고구려조선왕조실록 1 | 이희진 📖
513 고구려조선왕조실록 2 | 이희진 📖
514 백제왕조실록 1 | 이희진 📖
515 백제왕조실록 2 | 이희진 📖
516 신라왕조실록 1 | 이희진 📖
517 신라왕조실록 2 | 이희진 📖
518 신라왕조실록 3 | 이희진 📖
519 가야왕조실록 | 이희진 📖
520 발해왕조실록 | 구난희 📖
521 고려왕조실록 1 (근간)
522 고려왕조실록 2 (근간)
523 조선왕조실록 1 | 이성무 📖🔍
524 조선왕조실록 2 | 이성무 📖🔍

525 조선왕조실록 3 | 이성무 🔲🔎
526 조선왕조실록 4 | 이성무 🔲🔎
527 조선왕조실록 5 | 이성무 🔲🔎
528 조선왕조실록 6 | 편집부 🔲🔎
529 정한론 | 이기용 🔲
530 청일전쟁 | 이성환
531 러일전쟁 | 이성환
532 이슬람 전쟁사 | 진원숙 🔲
533 소주이야기 | 이지형 🔲
534 북한 남침 이후 3일간, 이승만 대통령의 행적 | 남정옥
535 제주 신화 1 | 이석범
536 제주 신화 2 | 이석범
537 제주 전설 1 | 이석범 (절판)
538 제주 전설 2 | 이석범 (절판)
539 제주 전설 3 | 이석범 (절판)
540 제주 전설 4 | 이석범 (절판)
541 제주 전설 5 | 이석범 (절판)
542 제주 민담 | 이석범
543 서양의 명장 | 박기련 🔲
544 동양의 명장 | 박기련 🔲
545 루소, 교육을 말하다 | 고봉만 · 황성원 🔲
546 철학으로 본 앙트러프러너십 | 전인수 🔲
547 예술과 앙트러프러너십 | 조명계 🔲
548 예술마케팅 | 전인수 🔲
549 비즈니스상상력 | 전인수 🔲
550 개념설계의 시대 | 전인수 🔲
551 미국 독립전쟁 | 김형곤 🔲
552 미국 남북전쟁 | 김형곤 🔲
553 초기불교 이야기 | 곽철환 🔲
554 한국가톨릭의 역사 | 서정민 🔲
555 시아 이슬람 | 유흥태 🔲
556 스토리텔링에서 스토리두잉으로 | 윤주 🔲
557 백세시대의 지혜 | 신현동 🔲
558 구보 씨가 살아온 한국 사회 | 김병희 🔲
559 정부광고로 보는 일상생활사 | 김병희
560 정부광고의 국민계몽 캠페인 | 김병희
561 도시재생이야기 | 윤주 🔲🔎
562 한국의 핵무장 | 김재엽 🔲
563 고구려 비문의 비밀 | 정호섭 🔲
564 비슷하면서도 다른 한중문화 | 장범성 🔲
565 급변하는 현대 중국의 일상 | 장시,리우린,장범성
566 중국의 한국 유학생들 | 왕링윈, 장범성
567 밥 딜런 그의 나라에는 누가 사는가 | 오민석 🔲
568 언론으로 본 정부 정책의 변천 | 김병희
569 전통과 보수의 나라 영국 1-영국 역사 | 한일동 🔲
570 전통과 보수의 나라 영국 2-영국 문화 | 한일동 🔲
571 전통과 보수의 나라 영국 3-영국 현대 | 김언조 🔲
572 제1차 세계대전 | 윤형호
573 제2차 세계대전 | 윤형호
574 라벨로 보는 프랑스 포도주의 이해 | 전경준
575 미셀 푸코, 말과 사물 | 이규현
576 프로이트, 꿈의 해석 | 김석
577 왜 5왕 | 홍성화
578 소가씨 4대 | 나행주
579 미나모토노 요리토모 | 남기학
580 도요토미 히데요시 | 이계황
581 요시다 쇼인 | 이희복 🔲
582 시부사와 에이이치 | 양의모
583 이토 히로부미 | 방광석
584 메이지 천황 | 박진우
585 하라 다카시 | 김영숙
586 히라쓰카 라이초 | 정애영
587 고노에 후미마로 | 김봉식
588 모방이론으로 본 시장경제 | 김진식
589 보들레르의 풍자적 현대문명 비판 | 이건수 🔲
590 원시유교 | 한성구
591 도가 | 김대근
592 춘추전국시대의 고민 | 김현주 🔲
593 사회계약론 | 오수웅
594 조선의 예술혼 | 백형찬 🔲
595 좋은 영어, 문체와 수사 | 박종성

중국의 문화코드

| 펴낸날 | 초판 1쇄 2004년 2월 5일 |
| | 초판 8쇄 2023년 3월 7일 |

지은이	강진석
펴낸이	심만수
펴낸곳	(주)살림출판사
출판등록	1989년 11월 1일 제9-210호

주소	경기도 파주시 광인사길 30
전화	031-955-1350 　팩스 031-624-1356
홈페이지	http://www.sallimbooks.com
이메일	book@sallimbooks.com

| ISBN | 978-89-522-0187-4　04080 |
| | 978-89-522-0096-9　04080 (세트) |